한울정치학강좌

국가의 이성

국제체제의 역사와 원리

유찬열 지음

한울 아카데미
1994

머리말

국가간의 힘의 관계인 국제정치는 인류역사상 국가가 형성된 이후로 항상 존재하여 왔으며 지난 수천년간 많은 사람들은 그 과정과 원리에 큰 관심을 가져왔다. 그리고 그러한 과정에서 국제정치에 관한 많은 역사서술과 이론이 생성되었다.

우선 서양의 국제정치사에 관한 경우 펠로폰네소스전쟁에 관한 서술을 필두로 마케도니아, 로마, 신성로마제국, 비잔틴제국, 그리고 근대 유럽 이후의 역사 등 다양한 기술이 존재하고 있다. 동양의 국제정치사 역시 중국을 중심으로 여러 각도로 검토된 바 있다.

국제정치이론의 경우는 비록 역사기술만큼은 다양하지 못하나 그래도 여러가지의 관점이 서로 보완하고 배척하는 가운데 과거를 설명하고 미래를 예측하려는 노력을 시도하고 있다. 그러한 이론들은 현실주의(realism), 신현실주의(neo-realism), 자유주의(liberalism), 신자유주의(neo-liberalism), 맑시즘(Marxism) 그리고 맑스적 관점(Marxist Perspective) 등으로 대표되고 있다.

이러한 현실속에서 이 책은 특정한 시기의 국제정치역사와 일반화할 수 있는 이론적 원리에 관한 한 가지 견해를 제시하기 위하여 만들어졌다. 그 기간은 15세기 유럽의 이태리를 시발로 현재의 냉전 이후 시대, 그리고 20~30년 후의 차세대적 미래까지를 다루고 있으며, 이론적 측면은 실제 역사의 고찰을 통한 국제정치의 원리를 설명하고 있다. 여기에서 시도된 것은 나의 논문 지도교수였던 리스카(George Liska) 교수가 늘 강조하였던 것으로 역사와 원리 모두의 경우에 강대국이나 약소국 그 어느 한편에서의 편파적인 시각이 아니라 일정시기의 국제정치의 행위자들이 속하여 있는 국제체제(international system)라는 전체적 양상과 구조속에서의 객관적 분석이다.

필자는 비록 미흡하나마 이 책이 학문적으로는 국제정치이론의 발전에 기여하고 현실적으로는 한국의 국제사회에서의 행동방향 설정에 도움이 되기를 바라는 바이다. 끝으로 이 책을 발간하는데 많은 도움을 주신 한국국방연구원의 선배 및 동료, 도서출판 한울의 이규성씨와 임직원 여러분, 그리고 나의 부모님과 경건, 미정에게 감사를 드리는 바이다.

1994년 봄, 홍릉 연구실에서

유 찬 열

차례

제2부 국제정치의 원리

서문

4세기 이후로 침체를 면치 못하였던 서양제국은 르네상스를 전후하여 과거의 그리스도교국(Christendom)이라는 일괄적 명칭에서 벗어나 개별국가로 부상하기 시작하였다. 그 당시 서양 각국의 국제활동은 유럽을 벗어나지 못하는 지역적 성격을 띠고 있었으며, 동양을 포함하는 기타 지역에 대한 세력확장 및 침투는 아직 초보적 단계였다. 그러나 1839년의 아편전쟁을 계기로 이들 서양국가들은 중국이 설정한 유교적 위계질서에 기초한 동양의 국제정치체제를 흡수하고, 1870년을 전후한 신제국주의 실시로 전세계를 제패하였다. 이러한 서양의 부상은 제1·2차 세계대전 이후에도 계속되어 소위 냉전 이후의 시대라고 불리는 현재까지 유지되고 있으며 앞으로도 일정 기간 계속될 전망이다.

본고는 가장 중요한 두 가지의 목적을 가지고 있다. 그 첫번째 목적은 서양 근·현대 국제체제의 역사를 논리적으로 분석, 기술하는 것이다. 이러한 시도에 있어서 중요한 것은 모든 사실의 무조건적 나열이 아니라 상관관계를 갖고 진행된 개별적 사건들의 논리적 해석을 통한 국제정치사의 맥락에 관한 서술이며, 따라서 그 초점은 국제체제내의 모든 구성국가의 성격과 그들의 정책, 그리고 궁극적으로는 국제정치의 결과에 대한 공정한 평가에 맞춰지고 있다. 제1·2차 세계대전의 원인과 관련된 세부사상에 관한 수많은 이견 그리고 냉전 이후의 국제질서의 구조와 속성에 관한 다양한 견해속에서 어느 한 가지 입장을 택하는 것은 그러한 작업의 일부인 것이다.

두번째 목적은 이러한 국제체제의 역사에 관한 분석을 통하여 일반화할 수 있는 국제정치의 원리를 추론하는 것이다. 물론 많은 역사가들이 증언하듯이 역사는 진화(evolution)하고 있으며 그러한 역사는 논리적이기보다는 오히려 부가적(additive) 성격을 띠고 있는지도 모른다. 그러나 역시 역사속에서 되풀이되는 측면은 절대 간과될 수 없으며 그러한 계속성(continuity)의 논리적 설명을 통한 기제(mechanism)의 규명은 국제정치학의 임무인 동시에 미래 예측능력에 있어서의 필수조건인 것이다. 어느 일정한 국제체제내에서의 강대국의 행위와 부수적 행위자의 행동이 일정한 형태를 띠고 있으며, 지리적 여건에 의해 분류된 개별국가 역시 일정한 행동양식적 속성을 갖고 있다는 사실은 국제정치원리의 의미를 대변한다고 할 수 있다.

제1부

서양 근·현대 국제체제의 역사

제1장 15세기 이태리의 국제체제

암흑적 중세를 갓 지난 15세기를 전후하여 유럽인들은 르네상스가 일어난 이태리를 중심으로 그들의 근대 국제체제를 형성하기 시작하였다. 유럽내에서 르네상스와 지중해 무역의 중심지였던 이태리가 근대 유럽 국제체제의 중심지가 되었다는 것은 지극히 당연한 일이었다.

이태리를 중심으로 하는 유럽의 근대 국제체제는 이태리 도시국가간의 세력균형과 관련되어 시작되었다. 이태리 도시국가간의 처음의 세력균형은 15세기 중반경에 이르러 중세질서의 와해에 기인한 약화된 로마의 교황청(Papacy), 그리고 이러한 힘의 공백을 메꾸려는, 부상하는 도시국가인 밀라노(Milan), 베니스(Venice), 플로렌스(Florence) 그리고 나폴리(Naples)간에 불안정한 상태로 형성되었다. 이태리 반도의 이들 5개 국가는 항상 국제적 경쟁과 전쟁에 휩쓸렸으며, 이러한 분쟁의 최소목표는 생존이었고, 최대목표는 패권장악이었으며, 중간목표는 유리한 세력균형의 확보였다. 이태리 반도내에서의 이러한 국제경쟁의 주된 수단은 군사동맹을 추구하는 외교, 군사력 그리고 이러한 활동의 뒷받침이 되는 경제력이었으며, 그중에서도 군사동맹체결의 기술이 가장 선호되는 일차적 방법이었다. 그 이유는 군사동맹이 경쟁국가의 군사력 및 경제적 불균형을 시정하는 가장 손쉬운 방법이었기 때문이었다. 밀라노가 강성하였을 때 베니스가 플로렌스 및 교황청과의 군사동맹을 통하여 밀라노에 대항한 것이 그러한 예라고 할 수 있다.[1)]

그러나 군사동맹의 경과는 항상 힘과 이익의 원리에 따른 동맹(alignment), 탈동맹(dealignment) 그리고 신동맹(realignment)으로 특징지어졌다. 국가 상호간의 이익이 사라졌거나 또는 이태리 반도내에서의 세력균형이 파괴될 위험이 있을 경우에는 군사동맹은 반드시 해체되었고 새로운 동맹이 결성되었다. 역시 그 대표적인 예는 용병대장인 스포르자(Francesco Sforza)사건과 관련하여 플로렌스가 베니스와의 20년 이상의 군사동맹을 파기하고 반대세력에 가담함으로써 베니스의 이태리 반도 장악을 저지하였다는 사실이다.[2)]

이태리 도시국가들은 또 국제안보회의를 제도화시켜 상호간의 안정도 시도하였다. 그러나 스포르자 사건에 곧이은 밀라노 계승전쟁(1452~1454)에서 이들 경쟁하는 국가들은 두 개의 블럭으로 양분되어 어느 한 국가나 국가군이 패권을 차지하지 못하도록 노력을 기울였고, 국제안보회의에도 불구하고 자국의 세력과 이익증진에만 몰두하였다.

---

1) G. Mattingly, *Renaissance Diplomacy*, New York: Russell & Russell, 1970, pp.56, 78, 79.

2) Ibid., pp.84, 86.

1454년에 프랑스와 터어키제국의 국제적 간섭에 대한 우려로 밀라노 계승전쟁이 종결되고 이에 따른 베니스 조약(Treaty of Venice)이 최신성동맹(Lega Santi: Most Holy League)이라는 국제안보기구를 다시 도입하였으나 이태리 도시국가간의 불화와 비협조는 계속되었다. 이 최신성동맹에는 5개의 강대 도시국가뿐만이 아니라 이태리의 모든 약소 도시국가들도 참가하고, 규정상 모든 결정은 참가국의 동의를 필요로 하고 있었다. 그러나 이러한 민주적 제도는 참가국들이 한결같이 자국의 세력과 이익을 추구하고 국제기구 자체의 효과적 운영에는 무관심하였던 이유로 끊임없이 긴장과 내분에 시달렸다. 예를 들면 제노아(Genoa)가 아라곤(Alfonso of Aragon) 및 나폴리와 코르시카(Corsica)문제로 대립하여 국제기구에 중재를 요청하였을 때 베니스와 플로렌스는 중재를 꺼려 하였으며 밀라노 역시 국제문제 해결보다는 제노아 흡수에 더 관심을 드러내었다. 어느 한 강대국도 "약소국의 권익을 위하여 타강대국을 자극하려" 하지 않았으며, 이러한 자세로 인하여 최신성동맹은 그후 30년 동안 계속 내분에 시달렸고, 심지어 회원국끼리 5차례의 전쟁까지 겪게 되었다.[3)]

이러한 이태리 도시국가간의 관계는 이태리 반도내에만 머무르지 않고 유럽으로 확산되게 되었다. 이태리 도시국가간의 불안정한 세력균형이 밀라노로 하여금 최초로 외국간섭을 초래하게 하였다. 제노아에 새로 설립된 앙주(Anjou)가의 위협, 밀라노에 대한 상속권을 주장하는 오를레앙(Orleans)가에 대한 의심, 그리고 베니스와의 군사동맹을 맺고 있는 사보이(Savoy)와의 불편한 관계를 인식한 밀라노는 국가의 안전을 위하여 프랑스에 군사동맹

---

3) Ibid., pp.86-88, 91, 92-95.

을 요청하였던 것이다. 이 역시 군사동맹이 경쟁하는 국가의 군사적·경제적 약점을 보완하는 가장 손쉬운 방법이라는 사실을 여실히 증명하는 일이 아닐 수 없었다.

당분간 밀라노와 프랑스의 군사동맹은 양측 모두 기본이익을 달성하였으므로 큰 문제가 없었다. 밀라노는 프랑스로부터 군사적 보호를 받았고, 프랑스의 루이 11세는 밀라노가 제공하는 자금과 정보로 앙주가와 오를레앙가를 견제할 수 있었기 때문이었다. 그러나 이러한 동맹은 변질되기 시작하였다. 밀라노는 베니스가 프랑스의 주된 적인 버건디(Burgundy)와 군사동맹을 체결할 것을 우려하여 버건디와 새로운 군사동맹을 체결하였고, 프랑스에 환영받지 못하고 있던 베니스 역시 버건디와의 군사동맹을 시도하였다. 그러나 스위스에서의 버건디의 군사작전이 실패로 돌아가자 밀라노는 다시 프랑스와 군사동맹 체결을 시도하였고, 그것은 오히려 베니스가 프랑스의 외교적 지원을 획득하는 결과만을 초래하고 말았다.[4]

이태리 도시국가들이 이렇게 외국의 보호를 유치하려는 시도는 1490년대 이전에는 큰 문제가 되지 않았다. 왜냐하면 주변 강대국들이 이태리 반도내의 국제정치에 간섭할 위치에 있지 않았기 때문이었다. 기본적으로 이들 유럽국가들은 15세기의 후반기전에는 국력의 구심점이 되는 중앙집권을 이루지 못하고 있었던 것이다. 찰스 7세와 헨리 6세 치하의 프랑스와 영국은 무력하였고, 캐스틸(Castile), 아라곤(Aragon) 그리고 포르투갈도 마찬가지로 약했으며 독일과 스칸디나비아의 군주들도 별 힘이 없었던 것이다.[5]

---

4) Ibid., pp.96-98.
5) Ibid., pp.122, 123.

그러나 이러한 상황은 변하여 유럽의 곳곳에 중앙집권화된 세력들이 뿌리를 내리기 시작하였다. 1480년대를 전후하여 성립된 4개의 다소 강력한 세력은 국내의 귀족세력을 진압하고 중앙집권화를 이룩한 프랑스와 영국(England), 그리고 왕조연합의 결과로 결성된 캐스틸-아라곤(Castile-Aragon, 1469)과. 버건디-오스트리아(Burgundy-Austria)였다.[6] 프랑스는 100년전쟁 이후로 강력한 군주제, 용병으로 구성된 상비군 그리고 효율적 조세제도를 발전시켜 유럽 절대국가의 모델이 되었다. 영국은 비록 강력한 해군과 상업 유통망의 부재로 인하여 프랑스보다 약하고 또 기껏해야 포르투갈과 덴마아크 정도의 3등 국가였으나 100년전쟁에서 패배한 뒤로는 군주제의 정착에 따라 양모와 선박산업을 발전시켜가고 있었다.[7] 스페인에서는 절대군주가 등장하였고, 특히 캐스틸-아라곤(Castile-Aragon)의 합병 이후로 이미 진행되기 시작한 해외팽창을 위한 단단한 초석이 놓이기 시작하였다.[8] 오스트리아-버건디(Austria-Burgundy)는 비록 그 지도자인 맥시밀리안(Maximilian of Austria)이 일관된 국제적 목적을 가지지 못하고[9] 합스부르그의 재산이 해외팽창을 위하여 체계적으로 조직되지 못하여 다소 혼란한 상태에 있었으나 그래도 새로운 세력으로 등장하고 있었다.[10]

이들 4개 세력 중 가장 강력한 것은 프랑스였다. 프랑스의 기본적 국력은 방대한 영토와 서구 유럽의 중심이라는 지정학적 이유

---

6) Ibid., pp.124, 125.

7) Ludwig Dehio, *The Precarious Balance*, trans., Charles Fullman, New York: Knopf, 1962, pp.28-30.

8) Ibid., pp.30-31.

9) Mattingly, op. cit., p.127.

10) Dehio, op. cit., p.33.

에 근거하였으며, 1,400만에 이르는 인구수도 다른 경쟁국과는 비교가 안될 만큼 큰 것이었다. 영국의 인구수는 프랑스의 ¼ 미만이었고, 스페인은 ½, 그리고 이태리에서 가장 강성하던 베니스는 프랑스의 1/10 밖에 되지 않았다. 오스트리아-버건디(Austria-Burgundy)는 프랑스보다 인구는 많았으나 대외 경쟁을 위한 정치적 의지가 충분히 강하지 못하였고, 유럽의 기타 군소국들 역시 프랑스와는 비교가 되지 않았다. 예를 들어 비교적 효율적으로 조직된 포르투갈은 125만의 인구를 가지고 북아프리카와 인도양 개척에 몰두해 있었고, 인구가 희박한 스코트랜드는 영국을 견제하기 위해 프랑스와 관계 증진에 치중하고 있었고, 스칸디나비아의 군주들은 한자연맹(Hanseatic League)의 영향에서 겨우 벗어나고 있는 상태였다.[11]

이러한 유럽의 최강국 프랑스가 밀라노의 요청에 따라 이태리에 침입하게 되었다. 밀라노의 스포르자는 찰스 8세에게 제노아와 나폴리를 탈환하는 데 프랑스를 돕겠다고 제의하였고, 이에 프랑스는 밀라노를 위한 지원군을 파병하였다. 이렇게 하여 프랑스는 1494년에 이태리에 군사간섭을 하게 되고, 베니스와 교황청 역시 이에 대항하여 스페인의 지원을 요청하게 되었다.[12] 스페인과 프랑스는 자기들의 영향력과 이익을 증대시키기 위하여 기꺼이 이태리 정치에 간섭하였고, 1494년의 이태리에 대한 강대국의 경쟁은 근대 유럽국제체제의 원형이 되었다.[13]

그 이후의 근대 유럽국제체제는 세력과 이익을 추구하는 국가의 경쟁으로 특징지어졌다. 이들 국가들은 군사동맹을 추구하는

11) Mattingly, op. cit., pp.131-132.
12) Ibid., pp.135-137.
13) Dehio, op. cit., pp.23-27.

외교, 군사력 그리고 경제력이라는 모든 자원을 동원하여 최소한 생존, 가능하다면 패권, 그리고 그 사이에 유리한 세력균형 확보에 전력을 기울였다. 적국이 군사조직의 개편이나 군사기술 또는 식민지 획득으로 군사력을 확장시켰을 때, 경쟁하는 국가들은 비슷하거나 또는 더 나은 방법으로 군사력 균형을 유지하거나 아니면 앞지르는 것 이외에는 다른 방도가 없었다. 적국이 무역, 해외투자, 또는 식민지확보로 경제력을 증대시켰을 때, 경쟁하는 국가들은 어떻게 해서든지 자국의 경제력 신장을 도모하여야 했다. 어느 경쟁국이 군사동맹으로 힘의 증대를 꾀하였을 때 다른 경쟁국들은 동맹의 전환으로 세력균형을 유지하여야 했다. 그러한 논리에서 볼 때, 15세기 이후의 유럽세력의 동아시아를 포함한 전세계로의 팽창은 유리한 세력균형을 추구하는 유럽 국가들간의 관계범위가 전세계로 넓혀진 것뿐이었다. 유럽 국가들은 기본적으로 전반적인 능력의 제고를 위하여 유럽이라는 한정된 지역을 넘어 동·서인도 제도로 그리고 라틴 아메리카와 아프리카 및 아시아로 팽창한 것이며, 15세기에 시작되어 제1차 세계대전을 전후하여 그 극치를 보여준 중상주의적 해외무역과 투자, 전세계에서의 군사기지 건설, 그리고 군사동맹전환의 제도화는 모두 자신들간의 유리한 세력균형을 유지하려는 유럽국가들의 정책에서 그 기원을 찾을 수 있었다.

제2장 스페인의 흥기

이태리에 대한 국제경쟁은 처음에는 프랑스와 스페인간에 일어났으나 스페인의 왕이 합스부르그(Habsburgs)의 황제직을 상속받음에 따라 그 경쟁은 프랑스와 합스부르그의 투쟁으로 확산되어 프랑스가 불리한 입장에 처하게 되었다. 군사·경제적으로 우세한 합스부르그에 포위당한 프랑스는 파비아(Pavia) 전투에서 스페인에게 패하였으며, 그 왕은 포로가 되었다. 영국 역시 프랑스 흡수에 대한 욕심으로 프랑스를 도우려 하지 않았다. 국제정치에 미숙했던 영국은 아직 세력균형의 가치를 모르고 있었던 것이다.

이러한 합스부르그의 유럽패권을 방지했던 역사적 사건은 오토만(Ottomans)의 유럽 국제관계에의 간섭이었다. 프랑스도 곧 합스부르그의 패권에 반대하여 오토만 측에 가담하였다.[1] 프랑스와 오토만은 스페인 팽창의 저지라는 공통이익을 보유하고 있었으며, 그러한 계산은 스페인 제국주의 일반에 대한 그리고 특히 스페인

1) Dehio, op. cit., pp.34-42.

의 지중해 통치에 반대하는 양국의 정치·군사적 협력의 합리적 기반을 제공하였다. 오토만에게는 지중해 장악은 시실리 해협을 포함하는 해상교통로 확보와 알제리아를 포함하는 북아프리카의 재산보호라는 결정적으로 중요한 전략적 가치를 갖고 있었다. 그리하여 오토만과 프랑스는 베니스의 도서들과 만(gulf)의 입구를 합동공격하였던 것이다. 오토만은 프랑스를 스페인의 유럽패권 장악저지의 균형자로 보았고, 프랑스는 지칠 줄 모르고 성장하는 합스부르그 제국주의에 반대하여 오토만을 필요로 하고 있었다. 그러한 상호이익은 그들이 서로 무역협정, 특혜지역 그리고 최혜국대우 국가의 지위를 제공하는 계기가 되었던 것이다.[2)]

프랑스에 대항하여 이태리에 간섭한 스페인은 16세기에는 유럽 최강의 국가였다.

1474년에 캐스틸의 왕좌를 승계한 이사벨(Isabel)과 아라곤 왕위 계승자와의 혼인을 통하여 탄생한 스페인은 통합 즉시 정치·경제적 목적을 달성하기 위하여 카나리(Canary) 도서와 아프리카 지역으로 뻗어 나갔으며, 15세기 말 경에는 대규모 정복을 계속하여 바하마(Bahamas) 그리고 쿠바, 산토 도밍고, 자마이카, 푸에르토리코 등의 카리비안 제도 그리고 브라질 지역 이남으로 라브라도(Labrador)에 이르는 광대한 지역을 통치하였다.[3)] 찰스 5세가 합스부르그에 속하였던 신성로마제국의 황제에 선출되었을 때의 스페인은 네델란드 지역의 버건디 상속지인 라인랜드(Rhineland)와 동프랑스를 포함하여 유럽의 광대한 지역을 장악하고 있었다.[4)]

---

2) Dorothy M. Vaughan, *Europe and the Turk*, Liverpool: Liverpool University Press, 1954, pp.110-112, 121.

3) Pierre Vilar, *Spain: A Brief History*, Oxford, New York, Toronto, Sydney, Paris, Frankfurt: Pergamon Press, 1967, pp.29, 31.

결국 최초의 스페인의 흥기는 카톨릭 왕들의 결혼정책 그리고 유일한 상속자였던 찰스에게 아라곤과 그에 속한 이태리와 지중해의 이권, 캐스틸과 그 식민지, 버건디 가문, 오스트리아 그리고 마지막으로 신성로마제국의 차지로 빚어진 우연한 결과였던 것이다.[5]

이러한 스페인은 찰스 5세의 지도하에 황금획득(bullionism)이라는 중상주의를 위하여 해외정복을 가속화하고, 특히 1519년과 1522년 사이에 박차를 가하여 파나마와 멕시코 등을 식민지화 하였다. 1520년대에는 니카라구아, 구아테말라, 혼두라스, 베네주엘라, 그리고 페루 정복이 계속되었으며, 전초기지들이 남미 전역에 설치되었다. 북아메리카에서 스페인은 현재의 조지아에 당도하였고, 콜로라도를 거쳐 알칸소 강에까지 세력을 확장시켰다. 더 나아가 스페인은 1542년에 필리핀에 도착하였다. 실로 반세기만에 스페인은 중남미에 거대한 제국을 형성하고 가능한 모든 곳에 제국주의를 실시하였던 것이다.[6]

스페인은 식민지에서 원료와 노동력 착취를 위한 봉건적 경제제도를 창출하였다. 원주민 재산의 상당 부분이 스페인으로부터의 이민정착자들에게 분배되었고, 대부분의 원주민들은 농장경작과 채광에 필요한 무료 노동력을 제공하였다.[7] 무료 노동으로 생산된 이들 엄청난 양의 금과 은은 스페인의 중상주의적 황금축적을 위하여 본국으로 송출되었다.[8]

---

4) R. A. Stradling, *Europe and the Decline of Spain*, London: George Allen & Unwin, 1981, p.30.
5) Vilar, op. cit., pp.29-31.
6) Ibid., pp.32-33.
7) Ibid., pp.37-38.
8) Jua-ho Jo, *Se-gye-moon-hwa-sa(The World Cultural History)*, Seoul:

식민지로부터의 이러한 착취가 스페인의 번영에 결정적 공헌을 한 것은 재삼 강조할 필요가 없는 일이었다. 비록 스페인의 최초 경제가 캐스틸의 경제적 기초에 그 기반을 두고 있었다 할지라도, 가능한 모든 형태로 자행된 식민주의와 그에 따른 경제적 수탈이 스페인의 경제능력, 그리고 더 나아가 군사·정치능력 신장에 미친 영향은 지대한 것이었다. 따라서 찰스 5세 시절의 스페인 산업은 광물질 관련 제조와 선박제조 등의 분야에서 그 번영의 극치를 이루었으며, 1530년과 1550년 간의 기간동안 세빌(Seville)의 금융기관들이 전유럽을 지배하였다.[9]

그러나 이러한 거대한 제국의 설립에도 불구하고 스페인은 곧 그 문제점을 드러내기 시작하였다. 그것은 과다 팽창으로 인한 국고의 고갈이었다. 물론 스페인은 식민지로부터 엄청난 이익을 취득하였으나, 한계를 벗어나 광활하게 퍼져 있는 제국의 통치를 위하여 용병이 계속 필요하였고, 이는 퍼거(Fugger), 웰서(Welser), 샤츠(Schatz), 그리고 스피놀라(Spinola)와 같은 국제 금융가들로부터 커다란 부채를 지게 되는 결과를 초래하였다. 이미 1539년에 스페인은 1백만 듀캣(ducats)의 부채를 지고 있었고, 이는 계속 증가하여 1550년대 초기에는 많은 식민지뿐만이 아니라 스페인 본토의 광산과 일부 지역도 외국은행가들의 손으로 넘어가는 결과를 맞이하게 되었다. 사실 1556년에 찰스 5세가 신교 확장 저지에 실패하여 퇴위하고 스페인과 오스트리아를 각각 그의 아들과 동생에게 넘겨주기로 결정하였을 때에는 이미 스페인은 재정 고갈상태에 처해 있었다.[10]

Pakyoungsa, 1979, p.324.

9) Vila, op. cit., pp.39-40.

10) Ibid., p.30.

그러나 찰스 5세를 승계한 필립 2세는 단순히 재정적자라는 이유만으로는 그의 방대한 제국을 포기하려 하지 않았다. 스페인 왕의 심리는 스페인제국을 더 성장시키는 데 완전히 빠져 있었으며, 따라서 많은 경쟁국들과 제국주의적 전쟁을 하였을 뿐만 아니라 더 많은 식민지를 흡수하였다.[11] 예를 들어, 스페인은 신교 확장저지라는 이름으로 프랑스와 싸웠으며, 지중해 제패를 위하여 이교도 오토만과 투쟁하였다. 1570년대에 스페인은 오토만과의 레판토(Lepanto) 해전에서 다시 승리하였으며 포르투갈을 합병하였다. 식민지 확장은 스페인의 남쪽에 위치한 지역에서 진행되었다. 칠레 근처의 멘도사(Mendoza, 1559), 산후앙(San Juan, 1561), 산미구엘 데 투쿠만(San Miguel de Tucuman, 1565), 산타페(Santa Fe, 1573), 부에노스 아이레스(Buenos Aires, 1580), 살타(Salta, 1582), 코리엔테스(Corrientes, 1588) 그리고 산 루이스(San Luis, 1597)에 거점이 확보되었다. 또 1580년의 포루투칼 합병에 따라 동양에 위치한 루손(Luzon) 섬과 마닐라가 자동적으로 스페인령이 되었으며, 솔로몬제도, 타히티, 마르퀘사(the Marquesas), 뉴헤브리데스(the New Hebrides) 등이 스페인에 귀속되었다. 1580년경까지 스페인은 아프리카, 인디아, 순다(Sunda)제도, 몰루카제도(the Moluccas), 셀레베스제도(the Celebes)와 필리핀에 무역소를 설치하게 되었으며, 중국 및 일본과 관계를 갖게 되었고, 캄베이(Cambay)와 시암 (Siam)에 간섭할 준비를 하고 있었다.[12]

그러나 스페인의 해외팽창은 이미 한계점에 이르러 도처에서 적이 등장하고 있었다. 전세계로의 팽창과정에서 수많은 국가들

---

11) Stradling, op. cit., p.26.
12) Vila, op. cit., p.33.

또는 원주민들과의 불가피한 충돌은 스페인에 대한 원성을 높였고, 그 결과로 1597년에 첫번째로 북유럽의 화란지역(Low Countries)이 독립을 선포하였다. 화란의 독립은 스페인에게는 큰 타격이었으며, 그 이유는 그것이 신교의 구교에 대한 승리이고, 캐스틸과 플란더스(Flanders)와의 경제단절의 계기이며, 스페인의 산업·금융적 우위가 암스테르담으로 이동하는 계기였기 때문이었다.[13)]

동시에 프랑스에서도 신교도가 왕위를 계승하였다.[14)] 또 엘리자베스 여왕 치하의 영국(England)이 국제적 세력균형을 의식하여 화란 및 프랑스를 지원하기 시작하였을 뿐만 아니라 국가정책의 일환으로 아메리카 대륙에서 돌아오는 스페인 상선을 대대적으로 약탈하였다. 따라서 스페인과 영국 사이에 갈등이 분출되기 시작하였으며, 프랑스의 쇠퇴에 따라 영국이 스페인의 주경쟁자로 등장하였다.[15)] 곧 스페인과 영국은 20년간의 전쟁에 휘말렸고, 이 전쟁에서 스페인은 모든 것을 잃었다. 수륙양용국가인 스페인은 대서양에서의 해전에 익숙한 해양국가인 영국에게 모든 해전에서 패배하였던 것이다. 가장 극적인 사건은 1588년에 스페인의 무적함대가 영국 해군에게 패배한 것이었으며, 그 사건은 스페인이 쇠락하고 북부의 해양세력인 화란과 영국이 부상하는 결정적 계기가 되었다. 이것은 신교와 자본주의의 2중적 승리였던 것이다.[16)]

그러나 이러한 상황에서도 필립 2세 치하의 스페인은 그 제국을 유지하려고 더욱 노력을 경주하였다. 영국의 도전을 좌절시키려는 노력의 일환으로 스페인은 군사를 동원하여 아일랜드에 거

---

13) Ibid., pp.30-31.
14) Stradling, op. cit., p.31.
15) Dehio, op. cit., p.54.
16) Vila, op. cit., pp.30-31.

점 마련을 기도하였다. 이 기간 동안에 플란더스에서 화란과의 군사충돌은 더 격화되었으며, 오토만 및 북아프리카 지역의 정치조직들과의 갈등 역시 더욱 악화되었다. 그러나 이 모든 모험들은 실패로 돌아갔다. 아일랜드에의 원정은 무위로 돌아갔고, 플란더스에서의 전쟁(1600)도 실패였으며, 알제리아로의 출정군은 목적지에 도달하지도 못했다.[17]

17) Stradling, op. cit., p.31.

제3징 화란, 영국, 프랑스

16세기 말과 17세기 초반에 스페인이 쇠락해 가고 있을때, 스페인의 통치에서 벗어난 화란과 스페인의 무적함대를 섬멸한 영국이 유럽 국제정치의 새로운 세력으로 등장하기 시작하였다. 그러나 영국이 국내적으로 민주국가 수립의 혁명적 과정을 겪고 있던 관계로 화란이 스페인 쇠락의 호기를 더 빨리 포착하게 되었다. 무적함대가 격파된 직후에 화란은 발틱지역과 대서양에서의 오랜 국제무역의 전통을 살려 광범위한 무역망을 설치하고 포르투갈의 영역을 합병함으로써 경제 패권의 길에 나선 것이었다.[1]

화란 공화국은 7개의 주가 연합하여 성립된 국가였으며, 그중에서 홀랜드(Holland)가 가장 강성한 핵심 주였다. 홀랜드는 상업이건 산업이건 또는 문화적이건간에 모든 화란의 활동의 주체였다.[2]

---

1) Dehio, op. cit., pp.57-58.
2) E. H. Kossman, "The Low Countries," *The New Cambridge Modern History*, vol.Ⅳ, Cambridge: Cambridge University Press, 1957, p.365.

홀랜드는 신교를 믿는 도시 상업자본가가 정치 및 경제실권을 쥐고 있었으며, 귀족계급은 수적으로나 영향력이거나 모두 열세에 처해 있었다.3) 따라서 화란의 기본 관심사가 경제발전과 중상주의적 국제경제였다는 것은 당연한 일이었다. 그리고 그 중상주의는 경제적 민족주의를 추구하는 국가의 정책에 따라 움직였으며, 금의 이동이거나 또는 양자 및 다자간 무역이거나를 막론하고 상품(commodity)의 유통이라는 관심사를 위주로 시행되었다.4)

화란의 경제적 패권은 초창기에는 높은 생산성에 의하여 취득되었다. 그 첨단산업은 어업이었으며, 무엇보다도 이미 17세기 이전에 버스(buss)라고 불리우는 효율적 선박으로 인하여 북해(North Sea) 연안의 청어산업과 아이슬란드 부근의 대구(cod)어업을 지배하고 있었다. 농업생산력 역시 17세기 전반에는 마, 과일, 가축 등의 분야에서 유럽 최고의 생산성을 보유하고 있었다.5)

이와 함께 화란의 산업생산성 역시 섬유, 선박 그리고 설탕 가공 분야는 유럽에서 가장 높았으며, 화학과 무기 등의 기타 산업도 상당히 번창하였다. 영국이 1614년에 화란의 생산성 높은 섬유산업에 위협을 느껴 원료품으로서의 양모와 완전가공될 수 있는 의류 반제품을 화란에 수출금지하였던 사실이 화란의 능력을 입증하는 좋은 예라고 할 수 있다. 선박산업의 경우는 화란이 최고의 생산성을 보유하고 있었던 이유는 발틱 국가들로부터 선박

3) E. H. Kossman, "The Dutch Republic," *The New Cambridge Modern History*, vol.Ⅴ, Cambridge: Cambridge University Press, 1957, p.275.

4) Immanuel M. Wallerstein, *The Modern World System Ⅱ*, New York, London, Toronto, Sydney, San Francisco: Academic Press, 1980, p.37.

5) Ibid., pp.38, 39, 41.

제조의 원료인 떡갈나무를 저렴하게 수입할 수 있었고 국내의 노동력이 저렴하여 생산가를 낮출 수 있었기 때문이었으며, 그러한 까닭으로 화란은 유럽의 선박산업을 장악할 수 있었다. 1670년경의 화란은 영국의 3배 정도의 수송능력과 영국, 프랑스, 포르투갈, 스페인, 그리고 독일지역을 전부 합친 것보다도 더 큰 수송능력을 갖추고 있었다.[6]

화란의 3차산업 역시 상당히 발전되어 있었다. 그 대표적인 특징은 합자형태의 금융제도, 상인들에게 위험부담을 덜어주고 투기적 대폭 이익을 보장한 물품저장제도, 그리고 생산자와 소비자를 연결시켜주는 유통 중개인제도의 발달이었다.[7] 그러한 체계적인 경제발전, 즉 효율적 생산과 유통 그리고 금융제도의 발전이 암스테르담을 그당시 유럽의 국제금융 중심지로 기능하게 한 원동력이었으며, 암스테르담이 "17세기의 월 스트리트"라고 불리게 된 배경이었다.[8]

이론적으로 화란의 국제경제적 패권은 일련적인 3단계를 거쳐 확립되었다. 첫번째 단계는 농업과 산업생산력에서 다른 핵심국가들을 물리친 것이었다. 두번째는 수송, 통신 그리고 보험 등의 국제무역 유통망을 지배한 것이다. 마지막으로 세번째는 국제금융의 장악이었다. 이러한 단계들은 계속적으로 진행되었으나 시간상으로는 중복되는 때가 있었다. 이 모든 3단계가 동시에 진행되었을 때, 경제적 패권이 확립된 것이었다.[9]

이러한 경제적 강점을 가지고 화란은 전세계를 상대로 국제무

---

6) Ibid., pp.43-44.
7) Ibid., p.56.
8) Ibid., p.57.
9) Ibid., p.38.

역을 실시하였다. 그중에서도 북유럽과 서유럽을 연결한 전통적인 유럽내의 무역이 화란의 경제패권에 가장 큰 공헌을 하였다.[10] 화란의 무역은 지중해와 레반트(Levant)지역에서도 활발하여 단연 영국과 프랑스를 제압하였다. 그러나 공헌도 면에서 그 규모가 아무리 작다 할지라도 동·서인도회사 역시 화란의 경제적 패권에 기여를 하였다는 것은 부정할 수 없었다. 비록 많은 이론가들이 주장하는 것과 같이 동·서인도회사의 이익이 기대했던 것보다 작았을는지는 몰라도, 그들의 상업조직 분야에서의 새로운 개척과 추후의 화란 식민제국의 기초에 대한 공헌은 매우 중요한 것이었다.[11]

1602년에 포르투갈에 효율적으로 대처하기 위하여 동인도에서 제각각 활동하던 무역회사들을 조직한 화란의 동인도회사는 독점적 이윤을 추구하는 대표적인 자본주의 기관이었다. 그러나 그것은 필요에 의하여 원주민들의 정치조직을 진압하고 생산체제를 감독할 본국의 백인들을 이민시킴으로써 결국은 정치적이고 군사적인 식민화의 방법에 의존하였다. 상업유통망을 확장하는 과정에서 화란의 동인도회사는 실론(Ceylon), 몰루카(Molucca), 자바 수마트라(Java Sumatra) 그리고 셀레베스(Celebes)를 포르투갈로부터 탈취하였으며, 동방무역의 중심지로 1619년에 자바의 바타비아(Batavia) 시에 거점을 확보하였고, 더 나아가 중국 및 일본과 무역을 실시하였다. 이러한 맥락에서 화란은 중국과의 무역을 촉진하기 위하여 1632년에 포모사(Formosa: 현재의 대만)에도 전진기지를 설치하였다.[12]

10) Ibid., p.44.
11) Kossman, op. cit., p.367.
12) Wallerstein, op. cit., pp.50-52.

1621년에 설립된 서인도회사도 그 성격 면에서 동인도회사와 비슷하였다. 뉴 암스테르담(New Amsterdam)에 창설된 서인도회사(스페인령)는 포르투갈로부터 브라질 북부를 강탈하였고, 서아프리카의 엘미나(Elmina)와 앙골라의 루안다(Luanda)를 정복하고, 브라질의 사탕수수농장과 그 재배를 위한 대규모 노예무역에 전력을 기울였다.[13]

이러한 화란의 전세계를 대상으로 하는 중상주의적 경제팽창은 그 역시 국력의 기반이 중상주의적 경제확장이라고 생각하던 영국과 자연히 충돌하게 되었다.[14] 과거 공동의 적이던 스페인이 쇠퇴한 이제, 두 개의 해양국가인 화란과 영국은 충돌하게 되어 있었으며, "프랑스가 후에 패권을 시도하기전까지 두 국가는 군사동맹을 재체결한 적이 없었다."[15] 사실상 영국은 16세기 말에 지중해 무역에 활발하였다. 동시에 영국은 오토만에 그들이 필요로 하는 총포의 원료인 주석을 공급함으로써 오토만으로부터 무역특혜도 얻고 있었다. 또 이러한 영국과 오토만의 무역활성화를 위하여 엘리자베스 여왕은 레반트(Levant)회사를 설립하고, 알렉산드레타(Alexandretta), 사이프러스(Cyprus), 치오스(Chios), 잔테(Zante), 베니스(Venice), 그리고 알지에(Algiers) 등의 많은 지역에서 무역을 하고 있었다. 영국은 1600년에 설립된 동인도회사를 매체로 동양에도 진출하고 있었다.[16]

---

13) Ibid., pp.50-52.

14) Charles Wilson, "The Growth of Overseas Commerce and European Manufacture," *The New Cambridge Modern History*, vol.Ⅶ, Cambridge: Cambridge Univ. Press, 1957, p.29.

15) Dehio, op. cit., p.66.

16) Fernand Braudel, *The Mediterranean and the Mediterranean World in the Age of Philipp Ⅱ*, vol.Ⅰ, trans., Sian Reynolds, New York:

화란과 영국의 갈등은 17세기 전반기에도 존재하였으나 영국이 다소 저자세를 유지하고 있었다. 그 이유는 영국이 스튜어트 왕조의 소극적인 대외정책과 계속적인 내란 때문에 해외진출에 전력을 다할 수 없었기 때문이었다. 그리하여 화란은 영국의 무역에 압박을 가하고, 북해에서의 선박산업을 독차지하고, 뉴암스테르담을 설치함으로써 북아메리카에서의 영국 식민주의를 진압하고, 몰루카(Molucca)에서 영국의 동인도회사를 축출할 수 있었던 것이다.

그러나 크롬웰(Cromwell)의 등장과 함께 국내질서가 안정되자, 영국(Britain)은 1651년에 항해조례(Navigation Act)를 발표하고 화란세력을 영국 본토와 식민지로부터 추방하는 동시에 화란의 선박산업에 손실을 입히기 시작하였다. 따라서 자연히 제1차 영란전쟁(1652~1654)이 일어났으며, 이 전쟁에서 영국은 웨스트민스터 조약(Treaty of Westminster)을 통하여 동인도지역에 무역소를 개설하는 권리를 획득하였다. 제2차 영란전쟁(1665~1667)에서 화란이 잠시 런던을 위협한 적이 있으나 결국 패퇴하였고, 영국은 뉴암스테르담을 화란으로부터 획득하여 뉴욕(New York)으로 개칭하였다. 제3차 영란전쟁(1672~1674)에서 영국은 프랑스의 루이 14세와 연합하여 다시 화란을 패배시켰다. 해상에서 영국의 공격을 받고 지상에서 프랑스군의 침입을 받은 화란은 인도에서의 모든 무역에 관한 권리를 영국에 이양하여야 했다. 17세기 말까지 화란은 모든 대외무역의 권리를 잃었으며, 섬유산업을 포함하는 모든 국내경제 역시 쇠퇴를 면치 못하였다. 그 이후로 화란은 과거에 축적된 자금을 바탕으로 금융산업에 초점을 맞추고 당분간

Harper Colophon Books, 1972, pp.622, 625-628.

번성하였으나 결국은 금융의 중심지 역시 런던으로 넘어가게 되었다.[17] 한마디로 말해서 화란은 경제는 당분간 유지가 되었으나 영국의 해군력 앞에서 2등 해양국가로 전락하였던 것이다.[18] 화란의 쇠락은 기본적으로 군사력의 취약 때문이었다. 비록 화란의 경제력이 무역의 전통이나 지중해와 발틱지역의 상업유통망으로 보아 영국의 경제보다 더 번성하였으나, 화란은 영국의 상인해군(merchant marine)으로 말미암아 그 중상주의 정책을 계속할 수 없었던 것이다. 그 이후로 영국은 해상통치로 전세계의 식민지획득에 엄청난 이익을 차지하게 되었다.

이렇게 화란과 영국이 각축하는 동안 프랑스 역시 국제무대에서 자기 영역을 주장할 수 있을만큼 성장하였다. 프랑스의 융성은 유럽 최초의 상비군을 구비한 강력한 군사력과 북부회사(the Company of North), 레반트회사(the Levant Company), 세네갈회사(the Senegal Company), 그리고 동·서인도회사를 매체로 하여 해외무역팽창을 추구하는 콜베르(Colbert)의 중상주의적 경제정책에 그 기반을 두고 있었다.[19] 이러한 프랑스는 루이 14세에 이르러 첫번째로 스페인령 네델란드에 침입하여 루이 14세의 모계 혈통을 핑계로 상속권을 주장하였다. 그러나 화란이 영국과 스웨덴의 도움으로 성공적으로 프랑스를 견제하여 프랑스는 문제된 영토의 일부분밖에는 획득하지 못하였다. 이 네델란드 전쟁(War of the Netherlands)에서 화란과 영국은 비록 영란전쟁중이었으나 새로이 부상하는 프랑스에 대하여 연합전선을 구축하였다. 새로 부상하는 대륙국가인 프랑스를 좌절시키기 위하여 화란과 영국은

17) Jo, op. cit., pp.346-347.
18) Dehio, op. cit., pp.70-71.
19) Wilson, op. cit., p.34.

신속히 단기 군사동맹을 재체결했던 것이다.[20)]

루이 14세는 1672~1678년에 과거 네덜란드 전쟁에 대한 보복으로, 그리고 대서양을 장악하기 위한 전초작업으로 다시 화란을 공격하였다. 이 전쟁에서의 프랑스외교의 한 가지 성공적인 측면은 영국과의 군사동맹이었다. 영국으로서는 상업에 있어서의 경쟁자인 화란을 손쉽게 파멸시키겠다는 계산이 깔려 있었으나 프랑스 등장의 위험을 인식하지 못하고 있는 처사였다. 이제 프랑스로서는 화란을 공개적 전쟁으로 처단하고 영국을 비밀동맹으로 끌어들여 두 개의 해양세력을 한 번에 제거하는 일석이조의 득을 취할 기회를 갖게 된 것이다.[21)] 그러나 놀랍게도 화란은 육지와 해양전투에서 프랑스의 공격을 잘 막아내었을 뿐만 아니라 스페인과 독일지역 세력들도 세력균형의 목적상 화란을 지원하였다.[22)] 그러는 사이에 세력균형의 필요성을 감지한 영국이 전쟁의 중재에 나섰고, 화란은 프랑스의 공격에서 살아 남을 수 있었다.[23)] 이 전쟁에서의 프랑스의 성공은 니멘조약을 통하여 스페인과 독일지역 세력들로부터 알사스-로레인(Alsace-Lorraine)을 포함하는 약간의 영토 획득에 그쳤다.

이러한 상황에서 프랑스는 대외팽창을 멈추지 않았다. 1689년과 1697년 사이에, 프랑스는 비록 영국, 화란, 스페인의 연합전선에 의하여 실패하였으나 독일지역 세력의 영토에 침입하였다.[24)] 이 시기에 이르러서 영국은 유럽국제정치의 균형자로 등장하였으

20) Dehio, op. cit., pp.74-75.
21) Ibid., pp.76-77.
22) Jo, op. cit., p.332.
23) Dehio, op. cit., pp.74-75.
24) Jo, op. cit., p.332.

며 화란은 더이상 강대국이 아니었다. 영국의 국제정치에서의 균형자로서의 역할이 더욱 두드러지자 프랑스는 영국 본토를 정복하려는 시도를 하였다. 그러나 루이 14세의 라오그(La Hogue)에서의 전투는 필립의 무적함대가 해협에서 계속 패퇴하듯이 연속적 패전이었다. 비록 프랑스는 해군장비 측면에서는 영국보다 앞서 있었으나 실제 해양전투에서는 본질적으로 해양국가인 영국을 제압할 수 없었던 것이다. 이 라오그 전투 이후로 프랑스는 서서히 쇠퇴하기 시작하였다.[25] 분명히 제해권은 해상교통로 장악이 국력신장의 핵심적 요소라고 생각하고 있는 영국으로 넘어간 것이었다. 그 이후로 프랑스는 해상제해권보다는 적국의 함선을 노략질하는 것으로 정책을 전환하였다.[26]

이렇게 해전에서 패한 뒤에 프랑스는 대륙내에서의 팽창에 전력을 기울였다. 물론 영국은 이러한 프랑스의 노력에 제동을 걸었다. 예를 들어 프랑스는 스페인 계승전쟁(1701~1714)을 통하여 다시 한 번 유럽대륙에서의 패권장악을 시도하였다. 루이 14세는 자기 손자가 스페인 왕권의 계승자라고 주장하였고, 이에 반대하여 영국의 윌리암 3세, 오스트리아의 레오폴드 1세, 포르투갈, 사보이 그리고 브란덴부르그가 광범위한 연합전선을 형성하여 1701년에 전쟁이 발발한 것이었다. 영국이 이러한 대불연합의 창시자였으며, 이 전쟁에서 영국은 해전을 승리로 이끌었을 뿐만 아니라 연합내에서의 선두를 유지하기 위하여 대륙의 연합국가들에게 육군병력도 제공하였다.[27] 곧 이은 유트레히트 평화조약에서 부르봉가의 필립은 프랑스가 스페인을 합병하지 않는다는 조건으로 스

25) Dehio, op. cit., pp.81-82.
26) Wallerstein, op. cit., pp.248-249.
27) Dehio, op. cit., p.83.

페인의 왕위에 오르게 되었다. 프랑스의 스페인 합병을 통한 유럽 제패의 꿈은 깨졌으며 그와는 반대로 영국은 프랑스로부터 캐나다의 프랑스 식민지의 일부분, 그리고 스페인으로부터 지중해의 전초기지 역할을 할 지브랄타르(Gibraltar)와 모노르카(Monorca) 제도를 획득하였다.[28] 영국은 스페인령 아메리카에 30년간 매년 4,800명의 노예를 수입할 수 있는 경제적 권리 역시 획득하였다.[29] 오스트리아도 역시 스페인령 네덜란드, 미라노(Mirano), 나폴리, 사르디니아(Sardinia) 등을 포함하는 약간의 영토를 획득하였으나, 그 규모는 유럽대륙의 패권장악을 불허하는 수준이었다. 오스트리아의 네델란드 획득은 해양세력인 영국의 프랑스에 대한 감시 대리인으로서의 의미가 짙었으며, 이태리의 스페인령 영토획득 역시 영국의 지중해 침투를 용이하게 하는 성격을 띠고 있었다.[30]

프랑스와 영국이 이런 식으로 18세기 전반기에 전세계에서 수많은 식민지전쟁을 벌인 것은 말할 필요조차 없는 일이었다. 그 가장 심한 식민지경쟁은 스페인령 아메리카로부터 북쪽의 뉴펀드랜드(Newfoundland)까지 펼쳐져 있고, 서아프리카 노예무역을 포함하고, 남쪽의 카디즈(Cadiz)로부터 북쪽의 그라스고우(Glasgow)까지의 서유럽 항구의 부의 기본재원을 형성한 대서양 무역체제의 핵심인 서인도제도를 놓고 벌어졌다. 이 경쟁에서 영국은 우수한 해군을 기초로 하여 프랑스를 패배시켰다. "서인도제도 사건이 주는 교훈은 사실상 무역과 해군력은 17세기와 마찬가지로 18세기에도 동전의 양면과 같다"는 것이었다. 마찬가지로 인도와 동남아

28) Jo, op. cit., p.333.
29) Wallerstein, op. cit., p.255.
30) Dehio, op. cit., p.85.

시아의 식민지전쟁에서도 영국은 프랑스를 패퇴시켰으며 1761년에 이르러 프랑스는 인도에 발붙일 곳이 없게 되었다.[31]

프랑스가 영국의 반대로 인하여 쇠퇴하였다면, 영국은 프랑스의 상대적 쇠락을 딛고 계속 흥기하였다. 영국은 동인도 및 서인도제도에 침입 거점을 마련하였을 뿐 아니라 스페인 계승전쟁의 결과에 따른 스페인에서의 프랑스 영향력 제고를 방지하기를 희망하는 포르투갈로부터의 보호 요청에 따라 포르투갈의 해상력까지 흡수하였다. 화란이 무력하고, 프랑스가 쇠퇴하고, 포르투갈을 보호하에 둔 상태에서 영국은 해상권을 장악한 가운데 계속 그 자본주의 상업망을 넓혀 나갔다.[32]

31) Wilson, op. cit., pp.36-41.
32) Dehio, op. cit., p.85.

제4장 러시아, 프러시아, 오스트리아

프랑스가 쇠퇴하고 영국이 홍기하는 가운데 대륙세력인 러시아도 18세기 초부터 유럽 국제정치의 새로운 행위자로 등장하기 시작하였다. 이반뇌제(Ivan the Terrible) 치하에서 축적된 중앙집권력을 토대로 러시아의 피터 대제(Peter the Great, 1689~1725)는 육군 및 해군뿐 아니라 상업진흥도 장려하였고, 사면팔방으로 국력을 팽창시키기 시작하였다. 러시아는 처음에 스페인 계승전쟁 직전에 지중해로 통하는 거점으로써의 흑해지역을 확보하기 위하여 터어키와 전쟁을 치루었으며, 이 전쟁에서 비록 성사는 되지 않았으나 화란 및 영국과 군사동맹을 추구한 바 있었다. 러시아는 또 덴마크 및 폴랜드와 연합하여 스웨덴과 전쟁(1700~1721)을 하였고, 나이쉬타트 조약(Treaty of Nystadt)을 통하여 북쪽과 서쪽으로의 해군팽창을 위한 교통로로서 발틱해를 획득하였다.[1] 이 전쟁에서 러시아는 북동 유럽의 강대국으로 등장하였고, 스웨덴은

1) Jo, op. cit., p.342.

내륙 깊숙히 후퇴하는 전법을 동원한 러시아에게 패배하여 강대국으로서의 지위를 상실하였다.2)

이즈음 영국은 동쪽 가장자리의 홍기하는 세력인 러시아를 발틱지역과 페르샤만의 영국의 해양 이익을 위협하는 새로운 도전자로 우려하고 있었다. 그리하여 영국은 러시아와 스웨덴의 분쟁 당시 즉시 스웨덴을 지원한 바 있었다.3)

러시아가 이렇게 일어나고 있을 때, 내륙국가인 프러시아도 18세기 중반부터 국제정치의 새로운 행위자로 발돋움하기 시작하였다. 프러시아는 15세기 초에 호헨졸렌가(House of Hohenzollern)에 의해 통치되던 브란덴부르그(Brandenburg)에서 기원하였다. 그 이후로 프러시아는 30년전쟁(1618~1648)에 참가하여 발틱지역의 영토를 획득한 프리드리히 빌헬름(Friedrich Wilhelm, 1640~1688) 치하에서 성장하였다. 프리드리히 빌헬름 1세(1713~1740) 때, 프러시아는 군사력을 증강하고 중상주의 경제정책을 도입하여 군사력 측면에서 오스트리아 및 프랑스와 비슷한 실력을 갖추게 되었다. 프리드리히 대제(Friedrich the Great)라고 불리었던 프리드리히 2세(1740~1786) 때, 프러시아는 오스트리아 계승전쟁과 7년전쟁에 개입함으로써 대외팽창을 적극적으로 시도하였다.4)

오스트리아 계승전쟁(1740~1748)은 주변 제국들이 오스트리아를 흡수하려는 야심으로 인하여 야기되었다. 마리아 테레자(Maria Theresa)가 오스트리아의 통치자로 지명되었을 때 프랑스의 지원을 받는 바바리아(Bavaria)의 왕이 오스트리아에 대한 상속권을 주장하였고, 삭소니-폴란드(Saxony-cum-Poland)와 스페인의 왕들

2) Dehio, op. cit., p.105.

3) Ibid., pp.106-107.

4) Jo, op. cit., pp.335-336.

도 이 분쟁에 개입하였다. 그 당시에 프러시아는 실레지아(Silesia)에 침입하였다. 그리하여 오스트리아의 마리아 테레자는 프러시아에 실레지아를 인도하고 영국의 지원을 받는 가운데 바바리아 및 프랑스와 전쟁을 치루었다. 곧이은 1748년의 엑스 라 샤벨(Aix-la-Chapelle) 조약에서 마리아 테레자의 상속권은 다른 국가들로부터 인정을 받았고 실레지아를 제외한 모든 영토가 회수되었다.5) 이 전쟁에서 오스트리아가 영국의 지원에 크게 혜택을 입은 것은 사실이나 실질적으로 두 나라의 군사동맹은 별로 효율적이지 못하였다. "영국은 오스트리아가 너무 많은 지원을 요구 하였으며, 협의된 수준의 군사를 동원하지 않았고, 독일지역에서의 전투에만 몰두하였다"고 불평하였다. 오스트리아 역시 "영국이 결코 필요한 수준의 지원을 하지 않았으며, 적에게 영토를 인도하도록 위협적으로 강요하였으며, 오스트리아의 손실에 대한 보상약속을 지키지 않았고, 마지막으로 오스트리아를 내버렸다"고 반박하였다.6)

엑스 라 샤벨(Aix-la-Chapelle) 조약후에 마리아 테레자는 정치적 개혁과 군사증강을 통하여 프러시아로부터 실레지아를 재탈환할 준비를 하였다. 곧 오스트리아는 1756년에 영국과의 군사동맹을 파기하고 삭소니(Saxony), 러시아 그리고 심지어 전에 프러시아와 동맹을 맺고 있던 프랑스와도 군사동맹을 체결하였다. 떠오르는 프러시아에 대항하여 성사된 프랑스와 합스부르그가의 화해는 모든 외교혁명 가운데에서도 가장 현격한 것이었다. 오스트리아에게는 프랑스가, 동유럽의 세력균형보다 점점 더 식민지확장과

5) Ibid., p.336.

6) David B. Horn, "The Diplomatic Revolution," *The New Cambridge Modern History*, vol.Ⅶ, Cambridge: Cambridge Univ. Press, 1957, p.440.

유럽을 넘어서는 세계문제에 치중하는 영국보다는 더 믿을 수 있는 동맹국일 것으로 여겨졌다. 프랑스로서는 그 주경쟁자이면서 적인 영국으로부터 현재까지의 가장 강력한 동맹국인 오스트리아를 분리시키는 것이 자기들의 국제적 위상에 도움이 되는 정책으로 여겨졌다. 이렇게 오스트리아가 프랑스와 협상하는 가운데, 프러시아는 영국과 웨스트민스터(Westminster) 협약을 통하여 후에 군사동맹의 효과를 가져온 임시합의를 도출하였다. 영국으로서는 아메리카에서의 영·불분쟁에 비추어 대륙세력인 프러시아를 필요로 하였고, 프러시아는 프랑스가 군사적으로 준비가 되지도 않았고 또 오스트리아, 러시아 그리고 영국의 합동 공격 가능성에 비추어 보아도 영국을 동맹국으로 갖는 것이 바람직할 것이라는 생각을 갖고 있었다.[7)]

이렇게 복잡한 외교협상이 진행되는 중 프러시아는 오스트리아가 프랑스 및 러시아와 동맹하려는 의도를 감지하고 오스트리아와 삭소니를 먼저 공격함으로써 7년전쟁(1756~1763)이 시작되었다. 그러나 러시아가 동쪽으로부터 프러시아를 공격하고, 오스트리아가 실레지아를 그리고 라인(Rhine)으로부터 프랑스가 진격하여 프러시아는 포위되게 되었다. 동시에 처음에 동맹을 맺었던 영국이 약속한 필요한 수준의 지원을 제공하지 않아, 프러시아는 곤경에 빠지게 되었다. 그러나 러시아의 피터 3세는 갑자기 오스트리아와의 동맹을 파기하고 프러시아와 동맹을 맺었으며, 프랑스도 영·불협정에 따라 전장에서 철수하였다. 이러한 갑작스런 동맹전환의 결과는 프러시아의 실레지아 소유를 확인시킨 1763년의 후베르투스부르그(Hubertusburg) 조약 체결로 귀결되었다. 오스트리

---

7) Ibid., pp.440-451.

아 계승전쟁과 7년전쟁의 두 전쟁을 통하여, 프러시아는 이렇게 유럽의 강대국으로 등장하였던 것이다.[8)]

프러시아가 이렇게 팽창하는 동안, 피터대제 사후의 후계자 승계로 내분을 겪고 있던 러시아가 다시 활동을 개시하였다. 터어키와의 전쟁후에 흑해지역에 군사·경제 목적상 항구를 개설한 러시아의 캐더린(Catherine) 2세는 시베리아에 식민정책을 실시하여 알라스카에 이르게 되었고, 폴란드를 흡수하려고 시도하였다. 캐더린 2세가 폴란드 흡수를 시도하였을 때 오스트리아와 동맹을 맺고 있던 프러시아가 동유럽의 세력균형을 유지하기 위하여 간섭하였고, 러시아, 프러시아, 오스트리아의 3강대국은 1772년에 폴란드 영토의 일부분을 분할 흡수하였다. 러시아와 프러시아는 다시 나머지 폴란드 영토를 재분할하였고 러시아, 프러시아, 오스트리아 3강대국은 1795년에 폴란드 전체를 분할 흡수하였다.[9)] 폴란드는 강대국들의 국제정치의 희생물이 되었던 것이다.

---

8) Jo, op. cit., p.337.

9) Ibid., pp.343-345.

제5장 비인체제

유럽의 모든 강대국들이 자기들의 군사동맹을 위주로 하는 외교, 군사력 그리고 중상주의 경제를 중심으로 유리한 세력균형획득을 추구하고 있을 때, 프랑스혁명이 발발하였다. 유럽의 강대국들은 민주운동 확산을 진압하기 위하여 즉시 혁명에 개입하였고, 이 과정에서 나폴레옹이 프랑스의 국민적 영웅으로 등장하였다. 이러한 나폴레옹 치하의 프랑스가 유럽에서 다시 패권을 시도하였을 때 유럽의 모든 강대국들은 자기들의 전통에 따라 어느 한 국가의 유일 득세를 저지하였으며, 이러한 과정에 따른 나폴레옹의 패퇴후에 비인체제가 유럽평화의 상징으로 제도화되었다.

비인체제의 기간 동안 유럽국가들은 이 국제제도적 틀속에서 세력균형을 유지하며 과거에 비하여 다소 조용한 국제관계를 유지하였다. 물론 러시아의 남하정책과 영국에 의한 견제의 한 표현인 이집트를 둘러싼 동방문제(Eastern Question, 1833~1840), 그리고 역시 러시아의 남진정책에 대한 영국 및 프랑스의 견제였던 크리미아 전쟁(1854~1855)이 존재하였으나, 과거 유럽 국제정치사에 비추어 비인체제기간이 분쟁이 적은 시기였던 것은 사실이었다.

그러나 이러한 비교적 조용한 유럽 내부의 국제관계를 대체한 것은 유럽국가들의 유럽 외부로의 대외팽창, 특히 식민지로의 팽창이었다. 유럽내에서의 유럽 국가들의 제한된 경쟁은 식민지에서의 경쟁으로 대체되었으며, 각 국가가 가지고 있는 식민지의 숫자가 국력의 상징이 되었고 국가간의 세력균형을 결정하게 된 것이었다. 특히 많은 원료, 값싼 노동력 그리고 상품시장을 필요로 하였던 산업혁명의 영향으로 말미암아 유럽의 국가들은 과거 어느 때보다 더 식민지경쟁에 몰두하게 되었다. 그리고 산업혁명기간 동안 증진된 산업 및 군사능력은 유럽 국가들로 하여금 중국을 포함하는 전세계 국가들에게 직접적으로 군사적 방법을 동원하게 하였다.

예를 들어 영국은 1757년의 플랏시(Plassey) 전투를 계기로 인도에서 프랑스군을 축출한 뒤 19세기 초에 인도를 공식적으로 식민지화 하였다. 영국은 또 1819년에 싱가폴과 마라타(Mahratta)를 점령하고, 1824년에 말라카(Malaca)를 네델란드로부터 탈취하였으며, 1843년에는 신드(Sind)와 나탈(Natal)을, 1856년에는 오우드(Oudh)를, 그리고 1825년과 1852년 사이에는 3번의 전쟁을 통하여 버어마를 공식 합병하였다.[1]

이러한 영토합병 외에도, 영국은 비공식 제국(unofficial empire) 설립, 영향권(spheres of influence) 창출 또는 무역, 투자, 그리고

1) M. S. Anderson, *The Ascendency of Europe*, London: Longman Group Limited, 1972, pp.193-194.

원주민 통치자와의 합의에 의한 통치확립정책을 실시하였다. 예를 들어 페르샤만의 무스콰트(Musquat)는 19세기 초부터 영국에 의해 정치·경제적 방법으로 조종되기 시작하였고, 남미 역시 1811년과 1822년 사이에 영국 (및 미국)의 협력으로 독립을 하였으나 영국의 경제침투를 막지는 못하였다. 브라질의 경우 영국은 1827년의 상업협정 이후로 브라질의 국제무역과 금융 및 철도수송을 포함하는 전반적인 경제영역을 지배하였고, 1844년 브라질의 영국 축출노력에도 불구하고 이러한 지배는 대부분의 정치·경제적 제약이 제거된 1887년까지 계속되었다. 마찬가지로 영국은 비슷한 방법을 동원하여 아르헨티나의 대부분의 금융시장을 통제하였다. "이 모든 공개적이고 비공개적인, 또는 공식적이고 비공식적인 팽창은 세계속에서의 영국의 정치적이고 경제적인 급속한 세력성장에 직접적 공헌을 하였다."[2)]

프랑스도 식민지 확장에 있어서 영국과 보조를 맞추었다. 프랑스는 처음에 1830년경에 알제리아(Algeria)를 정복하였다. 1843년에는 타히티(Tahiti)를 보호령으로 만들고, 1861~1867년 사이에 코친 차이나(Cochin China)와 캄보디아에 대한 통제능력을 증가시켰다. 러시아도 19세기에 부동항 확보라는 전통적 정책을 계속하여 남쪽과 동쪽으로 전진하였다. 처음에 러시아는 1839년과 1840년 사이에 중앙아시아, 특히 노예무역과 러시아 영토에 대한 약탈기지였던 키바(Khiva)로 전진하였으나 혹독한 기후와 토양조건으로 인하여 실패하였다. 그러나 1860년대 초 이후의 "체계적인 러시아의 확장"은 광활한 영토를 획득하게 하였다. 이 과정에서 러시

2) M. S. Anderson, *Europe in the Eighteenth Century*, New York, Chicago, San Francisco, Atlanta, Dallas: Holt, Rinehart and Winston, Inc., 1961, pp.196-199.

아는 1865년에 타시켄트(Tashkent)를, 1868년에 보카라(Bokhara)를, 1873년에 키바(Khiva)를, 1876년에 코칸드(Khokand)를 정복하여 마침내 러시아-터키스탄(Russian-Turkistan)을 성립시켰다.

그러나 19세기 전반기의 유럽 식민활동의 가장 극적인 사건은 1839년의 아편전쟁 이후로 중국이 여러 개의 다른 영향권에 속하게 되었다는 것이다. 세계의 최강국이었던 중국은 더이상 강대국이 아니며, 중국은 서양 국가와의 무역에서도 조공의 원칙에 기초한 자국의 경제정책을 고집할 수 없게 되었다. 마찬가지로 중국이 설정한 동아시아의 국제윤리 및 행동규범도 서양의 것으로 대체되게 되었다.

이제 유럽 국가간의 제국주의 경쟁은 분명히 동아시아를 포함하는 전세계로 확대되었으며, 별개였던 세계제국과 세계경제가 하나로 통합되었으며, 그 속에서 영국이 최강국으로 역할하였다. 마찬가지로 지리적 차이에 따른 국제윤리규범은 더이상 존재하지 않게 되었다. 이제 유럽의 국제행동규범이 전세계의 유일한 국제규범이 된 것이다.

제6장 신제국주의

(이미 설명된 바와 같이) 비인체제하에서의 유럽국가들은 유럽 내부에서의 경쟁보다는 전세계의 해외식민지 경쟁에 더 치중하였다. 이러한 가운데, 1870년을 전후하여 세계정치의 중심이었던 유럽은 미래 국제정치에 크나큰 영향을 미치게 될 유럽의 국제정치 구조에 커다란 변화를 겪고 있었다. 그것은 1871년의 독일의 통일이었다.

독일의 통일은 덴마크, 오스트리아, 그리고 프랑스와의 일련의 전쟁을 치룬 후에 달성되었다. 쉴레스비히(Schleswig)와 홀스타인(Hollstein) 문제를 둘러싼 덴마크와의 전쟁에서 국제적 기치와 독일통일을 위한 철혈정책(Iron and Blood policy)의 중요성을 강조한 프러시아의 비스마르크(Bismarck)는 오스트리아와 군사동맹을 체결하였다. 덴마크와의 전쟁에서 승리한 후에 프러시아는 다시 쉴레스비히와 홀스타인 분할문제로 오스트리아와 분쟁에 휘말렸다. 곧 뒤따른 1866년의 오스트리아와의 전쟁에서 비스마르크는 프랑스와 이태리의 중립을 확보하고 오스트리아를 격멸하였다. 곧 유럽의 세력균형의 변화를 우려하고 있던 프랑스와의 전쟁에서 프러시아는 또 하나의 성공을 기록하였다. 그 전쟁(1870~1871)에서 프러시아는 러시아의 도움으로 오스트리아의 중립을 확보하고 군사적으로 프랑스를 패배시켰으며, 그에 따른 프랑크푸르트 평화조약의 결과로 알사스-로레인이 프러시아에 이양되었다. 곧 프러시아는 1871년에 독일의 성립을 선포하였다. 오스트리아도 오스트리아-헝가리 연방(Austro-Hungarian Federation)의 설립을 선언하였다.[1] 오랫동안 유럽 국제정치의 균형자였던 영국은 유럽보다는 전세계를 대상으로 활동하고 있었던 이유로 이러한 일련의 사건에 크게 개입하지 않았다. 물론 독일의 통일이 영국에게 선호될 이유는 없었다. 그러나 그것은 영국의 세계속에서의 식민통치를 통한 패권장악이라는 목적에 크게 해롭지는 않을 것으로 여겨졌던 것이다.[2]

통일 직후인 1873년에, 독일은 유럽에서의 현상유지와 크리미아 전쟁(1854~1856)으로부터 유래된 발칸문제의 평화적 해결을 위하여 오스트리아 및 러시아와 군사동맹인 3제동맹(Dreikaiserbund)을 체결하였다. 비스마르크의 기본적 목적은 군사동맹을 통하여 갓 태어난 독일의 안전을 수호할 유럽 국제체제를 유지하는 것이었다. 만약 전쟁이 비스마르크에게 독일통일을 위하여 필수불가결한 것이었다면, 비스마르크는 이제는 교묘한 동맹체제를 통하여 전쟁을 피해야겠다고 생각하였다. 비스마르크의 "전제는 독일의 강대국 지위유지는 유럽전체의 평화를 유지"함으로써만 가능

1) Jo, op. cit., pp.415-417.
2) Bernard Porter, *Britain, Europe, and the World 1850~1982*, London: George Allen & Unwin, 1983, p.81.

하다는 것이었다.[3)]

이 당시의 유럽은 겉으로는 투쟁하지 않는 듯이 보였다. 그러나 사실상 그들은 극심한 "힘에 대한 충동(power impulse)"과 국가 경제력과 종국적으로 유리한 세력균형 확보의 근간인 식민지에 대한 극심한 관심으로 규정지어진 신제국주의(New Imperialism, 1870~1914)의 시대로 진입하고 있었다. 식민지경쟁은 과거 어느 시기보다 더욱 의식적이고 조심스럽게 계획되었으며, 그 범위에 있어서 훨씬 광범위하였고, 동시에 과거 어느 때보다도 더 넓고 큰 유럽 국민여론의 지지를 받았다.[4)]

예를 들어 영국은 1868년에 제국주의적 팽창의 종합적 계획수립을 위한 왕립식민기관(Royal Colonial Institute)을 설립하고, 약소국의 식민주의로부터의 독립에 관한 권리를 부정하였다. 1884년까지 제국연방연맹(Imperial Federation League)이 설립되었고, 식민활동 확장의 효율적 조직을 위하여 식민회의(colonial conference)가 개최되었다.[5)] 프랑스도 비슷한 태도를 발전시켰다. 프랑스는 독일에 잃은 알사스-로레인에 대한 보상으로 식민활동의 가속화를 시도하였고, 그러한 정책은 식민문제에 관하여 19세기의 가장 유명한 저서인 1874년에 출판된 르루아 볼리웨(A. Leroy-Beaulieu)의 『근대민족의 식민화에 대하여(*De la Colonisation Chez les Peuples Modernes*)』에 가장 잘 요약되어 있었다. 독일

3) Andreas Hillgruber, Germany and the Two World Wars, trans., William C. Kirby, Cambridge, Massachusetts and London, England: Harvard University Press, 1981, p.6.

4) Heinz Gollwitzer, *Europe in the Age of Imperialism 1880~1914*, trans., David Adam & Stanley Baron, New York: W. W. Norton & Company Inc., 1979, p.10.

5) Anderson, *Ascendancy*, p.201.

역시 의식적인 식민확장계획을 수립하였다. 독일에서는 많은 "압력단체…상공회의소와 많은 사기업들…그리고 금융가들이" 식민지 확장을 옹호하였다.[6] 벨지움 역시 작은 나라였지만 마찬가지였다. 벨지움은 레오폴드 왕(Crown Prince Leopold)의 치하에서 중국, 이집트, 보르네오, 그리고 필리핀과 트란스발(Transvaal)과 같은 다양한 지역으로의 확장계획을 수립하였다. 러시아도 영국의 패권을 견제하여야 한다는 생각으로 식민지 확장에 중대한 관심을 갖고 있었다. 러시아에서는 언론매체가 대중이 좀더 식민지 확장에 관심을 갖도록 유도하였다. 1880년대와 1890년대의 급격한 제국주의적 팽창의 기반을 형성하였던 1870년대의 일반적인 추세는 강대국의 지위는 식민지의 획득 없이는 불가능하다는 것이었다. 서구 유럽국가들은 분명히 "제국의 웅대한 절정은 식민팽창의 최대치와 일치하며, 그 퇴조는 식민지의 상실과 일치한다"는 인식을 갖고 있었다.[7]

유럽 각 국가의 신제국주의정책은 비인체제 이후로 가속화된 식민정책을 더욱 체계화시켜 전세계로의 팽창에 전력을 기울였다. 영국은 지브랄타(Gibraltar), 말타(Malta) 그리고 에덴(Eden)을 장기 확장의 전초기지로 삼았다. 이들 지역들은 경제목적상의 이집트 합병과 동쪽으로 더 전진하기 위한 수에즈 운하의 장악에 필수적인 곳으로 여겨졌다.[8] 영국은 또 1899년에 더취-트랜스발(Dutch-Transvaal) 공화국과 전쟁을 거쳐 1902년에 그것을 합병하

6) Paul Kennedy, *The Rise of Anglo-German Antagonism*, London, Boston: Allen & Unwin, 1980, p.168.

7) Anderson, op. cit., pp.201-202.

8) Trygve Mathisen, *The Functions of Weak States in the Strategies of the Great Powers*, Oslo: Universitetsforlaget, 1971, pp.157.

였다. 1910년에 영국은 케이프(Cape), 로디지아(Rhodesia), 오렌지 공화국(the Orange Republic), 그리고 트란스발(Transvaal)을 흡수하여 남아프리카 연방(Federation of South Africa)을 형성하였고, 그 곳은 영국의 자치 식민지로 지정되었다.[9]

프랑스도 식민지 경영에 박차를 가했다. 1883년에는 프랑스-베트남(French-Vietnam) 전쟁을 통하여 베트남을 흡수하고, 1887년에는 캄보디아를 공식보호령으로 지정하였으며, 1893년에는 라오스를 식민지화 하였다. 더 나아가 프랑스는 1889년에 영국과 샴(Siam)에 그 영토보존을 보장하는 가운데 별도의 영향권을 설정하였다. 프랑스의 영향은 아프리카에서도 활발하여 1830년에 합병된 알제리아의 보호목적으로 튜니지아를 장악하고, 남쪽으로 콩고 그리고 서쪽으로 모로코로 진출하였다. 프랑스는 결국 사하라 사막 주변에 광대한 식민지를 건설하고, 1912년에 모로코에 대한 보호령으로서의 권리를 다른 열강으로부터 확보하였다.[10] 러시아도 중동지역으로의 팽창을 계속하여 영국 및 독일과 충돌하게 되었다. 따라서 1895년에 영국과 러시아는 아프가니스탄을 양국의 완충지역으로 한다는 합의에 도달하여, 영국은 남부지역을 그리고 러시아는 북부지역을 관할하기로 결정하였다. 그들 양국은 또 이란을 각기 별도의 영향권에 두기로 하여 북부는 러시아가, 동남부는 영국이, 그리고 중부지역은 중간지대(intermediate zone)로 하기로 합의하였다. 독일은 유럽에서의 사정으로 인하여 영국이나 프랑스보다는 식민지 개발에 다소 늦었으나 그래도 카메루운(Kamerun), 토고랜드(Togoland), 그리고 몇몇 동아프리카의 영토

---

9) Jo, op. cit, p.463.

10) Ibid., pp.437-464.

를 획득하였고, 영국이나 프랑스와 마찬가지로 중동 지역진출에 대한 야심을 버리지 않았다. 중동지역에서의 독일의 계획은 보스포러스(Bosporus)의 이스미아(Ismia)로부터 앙카라(Ankara), 아다나(Adana), 그리고 모술(Mosul)을 거쳐 바그다드에 이르는 철도를 건설하는 것이었다. 이 철도는 철광석, 석유, 그리고 다다넬레스 해협의 가치에 비추어 터어키와 페르샤 침투의 목적을 띠고 있었다.[11] 이태리 역시 통일을 성취한 후로 국력을 집결하여 1889년에 소말리랜드(Somaliland)를 정복하고, 1896년에 에리트리아(Eritrea)를 합병하였다. 이태리는 또 비록 프랑스의 방해로 실패하였으나 에디오피아 침입을 기도하였고, 후에 1911년에는 터어키와의 전쟁의 결과로 트리폴리-리비아(Tripoli-Libya)를 획득하였다. 벨지움도 1885년에 콩고의 일부분을 획득하였다.

물론 이들 유럽국가들의 동아시아에서의 식민화 및 영향력 확장도 끊이지 않았다. 서양 열강들은 아편전쟁 이후로 중국에서 수많은 이권을 탈취하였고, 미국에 의한 강제개방 이후로 일본은 영국 및 러시아를 포함하는 서구열강과 불평등 성격의 수호통상조약을 체결하였으며, 조선 역시 서구 열강의 정치·군사·경제적 영향력하에 놓이게 되었다.

11) Matisen, op. cit., pp.157-162.

제7장 영·독의 갈등과 제1차 세계대전

이렇게 전세계에서의 패권경쟁에 몰두하고 있던 유럽 열강은 자연히 충돌하게 되었고 상대 경쟁국의 저의를 극도로 의심하게 되었다. 특히 세계 최강의 영국은 러시아의 남진 및 확장정책과 독일의 1890년 이후의 해군력 증강 의도를 의심하고 있었다. 영국에게는 19세기 이후로 특히 현저해진 러시아의 팽창과 그에 따른 세계 도처에서의 직·간접적 충돌도 큰 문제였고, 독일의 해군력 증강에 따른 영국의 제해권에 대한 도전 역시 중대한 문제였다. 그러나 러시아가 노일전쟁에서 명치유신 이후로 현대식 군대 도입과 산업화라는 부국강병책에 의거하여 급성장한 일본에게 패한 것을 계기로 영국은 독일이 영국의 세계 패권에 도전하는 국가라고 규정하게 되었다.

사실 영국과 독일의 관계는 처음에는 그다지 나쁘지 않았으며, 그 이유는 영국이 1870년대와 1880년대에는 독일이 세계의 식민지 경쟁보다는 유럽의 현상유지에 관심을 가지고 있으므로 세계

패권경쟁의 상대국이 되리라고는 생각하지 않았기 때문이었다. 물론 영국과 독일 사이에 약간의 식민지경쟁은 존재하였으나, 전반적인 국제정치, 경제, 군사능력에 비추어 이 경쟁에서 위협을 받은 쪽은 오히려 독일이었다. 예를 들어 독일은 영국이나 프랑스에 비하여 그 규모가 훨씬 작으나, 자국의 해외통상이 외국정부의 행동에 의해 크게 손실을 입을 수 있다고 생각하였다.[1] 1882년의 영국과 프랑스간의 서아프리카 지역에 대한 합의는 독일을 배제할 목적을 띠고 있는 것같았으며, 동아프리카에서는 잔지바르(Zanzibar)에 있는 영국의 외교관들이 독일의 식민지 침투를 방해하였다. 또 남서 아프리카에서 영국은 독일이 경제적 이익을 증가시키지 못하도록 견제하였다. 영국의 이해관계가 그 나라의 공식적이고 비공식적 제국의 범위로 인하여 독일의 상업이 있거나 팽창하려고 하는 곳에는 어디나 가로막고 있는 것같았다. 또 아프리카에서 활동하는 프랑스나 포르투갈의 현지관리들과 같은 영국 이외의 세력들도 역시 마찬가지로 파괴적으로 여겨졌다. 그리하여 1884년 말에 이르러서는 정부의 해외지원을 위한 청원이 남서아프리카, 서아프리카와 뉴기니아(New Guinea) 그리고 동아프리카와 사모아(Samoa)로부터 속속 도착하였다. 따라서 독일은 비록 자국이 영국이나 프랑스에 비하여 훨씬 적은 수의 식민지를 가지고 있었으나 1884년 이후로는 그들의 해외 이익을 제국주의적 경쟁으로부터 보호하기 위하여 식민지의 공식적 합병이 필요할지 모른다는 태도를 발전시키기 시작하였다.[2] 그러나 아직도 큰 맥락에서 볼 때 독일은 식민지 확장보다는 유럽에서 어렵게 성취한

1) Kennedy, op. cit., p.174.
2) Ibid., pp.175-177.

자국의 통일을 보호 및 유지하는 것에 더 큰 신경을 쓰고 있었다.

사실상 그 당시의 영국은 독일이 세계 패권경쟁에 있어서는 큰 상대가 되지 않는다고 생각하고 있었다. 영국은 독일과의 어떠한 마찰도 일련의 협상으로 해결될 수 있다고 믿고 있었다. 그래서 팔말 가제트(*Pall Mall Gazette*)와 스탠다드(*The Standard*)를 포함하는 영국의 몇몇 신문들은 식민지개척에 있어서 독일과 협력할 것을 주장하였고, 영국정부 역시 식민지문제에 있어서 독일에게 상당한 양보를 하였다. 비록 영국인들은 동아프리카나 사모아에서의 독일측으로부터의 약간의 공격에 상당히 예민하였으나, "영국의 제국주의 선두그룹은 (역시) 지중해 해로와 인도의 보호 및 해군력에 대한 위협에 주된 관심을 갖고 있었다." 영국은 독일보다는 프랑스나 러시아로부터의 위협이 더 큰 것이라고 여겼다. 사실상 프랑스는 이집트뿐만이 아니라 전세계의 곳곳에서 영국의 이익을 방해하고 있었고, 러시아는 계속 남하하여 아프가니스탄과 인도에서 영국의 이익을 위협하고 있었다. 특히 아프가니스탄의 펜즈데(Penjdeh)에서의 상업행위, 해밀턴(Hamilton) 항구의 점령, 그리고 다른 전쟁준비에서 표출된 러시아의 공격적 태도는 독일의 비스마르크가 제시하는 요구보다 훨씬 더 위험한 것이었다. "독일은 귀찮은 존재였고, 러시아는 전통적인 적이며, 프랑스는 가능한 적이었다. 영국의 그 누구도 아직 영독전쟁의 가능성에 대해 생각하고 있는 사람은 없었다."[3)]

영국은 오히려 러시아의 펜즈데에서의 아프가니스탄군 격퇴에 비추어 영·러시아 전쟁이 불가피하다고 생각하고 있었다. 그리하여 영국은 독일과 협력적 관계를 모색하였으며 독일 역시 다소

3) Ibid., pp.182-183.

우호적 태도를 표명하였다. 영국으로서는 독일을 세계정치에서의 보조 동반자로 확보함으로써 얻을 것이 있고 독일도 세계 최강의 영국과 우호적 관계를 유지함으로써 유럽의 안정을 이룩할 수 있다는 계산을 갖고 있었다. 그러나 독일의 기본정책은 아직도 유럽 국제정치구조의 변화를 원하지 않으므로 중립쪽으로 기울고 있었다. 따라서 비스마르크는 "공식적으로는 3자동맹(Dreikaiserbund)의 유지가 영국의 기분을 맞추는 어떠한 양보보다도 더 중요하다고 확언하고 있었다." 비스마르크의 의도는 기본적으로 현상유지 정책이었던 것이다.[4)]

이무렵 불가리아와 동로멜리아(Eastern Roumelia)의 통일문제와 관련하여 동방문제(Eastern Question)가 다시 터졌다. 영국과 오스트리아는 강대해진 불가리아가 범슬라브주의에 대한 견제로 작용할 것이라는 생각에 이 사건을 환영하였고, 반면에 발칸을 자기들의 영향권이라고 간주하는 러시아는 분개하였다. 그리하여 러시아를 자극치 않기를 원했던 독일은 오스트리아에게 독일이 러시아에 반대하는 불가리아 민족주의를 지원하지 않을 것이라고 의사를 전달하였다. 그러나 그 무렵 프랑스에서 전쟁옹호 분위기가 맴돌아 러시아와의 군사동맹을 희망하였고, 러시아 역시 프러동맹을 긍정 검토하였다. 독일은 이제 비스마르크 외교가 무너지는 듯한 어려운 입장에 처하게 되었다. 그러나 비스마르크는 다시 "서로를 중화(neutralize)시키는 복잡한 공개 및 비밀외교체제를 창출함으로써… (다시) 유럽 운명의 주인임을" 입증하였다. "가능하기만 하다면 유럽의 대전쟁은 회피하여야만 했다. 만약 그것이 불가능하다면 독일은 절대로 혼자 싸우지는 않겠다"는 것이 비스마르크

4) Ibid., pp.184-186.

의 구상이었다.[5]

1887년 이후로 독일은 점점 더 유럽의 문제에 관해서는 영국의 역할이 결정적이라는 생각을 하게 되었다. 기본적으로 비스마르크 하에서의 독일정책은 "견제와 균형의 복잡한 체제를 창출함으로써 독일은 독일이 원하는 평화를 유지할 수 있다는 가정에 그 기반을 두고 있었다." 그러나 독일이 영국에게 군사동맹을 제의하였을 때, "영국 수상은 정중하게 그러나 단호히 비스마르크의 공개적인 수년간의 한정적 반불(against France) 군사동맹을 거절하였다." 물론 영국은 프랑스나 러시아와의 분규에 비추어 독일과의 동맹을 통하여 여러가지의 이익을 볼 수 있었다. 예를 들어, 프랑스에서의 애국심의 재등장은 베를린에 못지않게 런던을 그 목표로 하고 있는 것같았으며, 이집트문제를 차치하고서라도 영·불관계는 뉴헤브리데스(New Hebrides), 모로코, 그리고 뉴펀드랜드(Newfoundland)문제로 긴장되어 있었다. 마찬가지로 러시아는 북쪽으로부터 인도로 침입하고 콘스탄티노플을 장악하여 영국의 공격에 철두철미한 방어를 할 뿐만 아니라 지중해를 관통하는 영국의 필수적인 제국주의 교통로에 위협을 가하는 듯이 보였다. 그러나 영국은 기본적으로 불가피하지만 않다면 비스마르크에 의해서 러시아나 프랑스와의 갈등에 휘말리는 것은 원치 않고 있었다.[6]

1890년 영국과 독일은 광범위한 합의에 도달하여 독일은 동아프리카와 잔지바르(Zanzibar)에 대한 실질적 양보의 대가로 북해(North Sea) 지역의 헬리고랜드(Heligoland)를 넘겨받았다. 그러나 그 이후로 영국과 독일의 관계는 급속히 냉각되기 시작하였다. 그

5) Ibid., pp.186-188.
6) Ibid., pp.189-193.

러한 냉각은 1904년의 영국과 프랑스간의 식민지문제의 해결 그리고 그 이후로 점점 더 견고해진 영·불동맹관계와는 너무나 큰 대조를 이루었다.[7]

경쟁하는 유럽국가간의 그러한 복잡하고 위험한 세력균형은 비스마르크의 사임 이후로 급속히 변하기 시작하였다. 독일은 비스마르크의 대외정책 기본노선으로부터 이탈하여 복잡하고 교묘히 얽힌 외교·군사관계보다는 독자노선쪽으로 기울기 시작하였다. 무엇보다도 독일은 러시아와의 1887년의 재보험 조약(Reinsurance Treaty)을 갱신하지 않았다. 독일이 러시아와의 군사보장을 파기한 이유는 독일의 러시아와 독일간의 전쟁이 발칸에서의 활발한 러시아 활동에 비추어 그리고 독일의 2자동맹국인 오스트리아-헝가리(Austria-Hungary)에 대한 압박으로 인하여 불가피할 것이라는 독일, 특히 독일 외무부 고문관(Privy Councillor)인 홀스티(Friedrich von Holsti)의 인식 때문이었다. 또 독일은 프랑스와의 관계증진은 프랑스가 항상 염두에 두고 있는 알사스-로레인(Alsace-Lorraine)에 대한 반환요구에 부딪힐 것이라는 생각을 하게 되었다.[8] 그리하여 독일은 오랜동안 러시아의 세력확장에 의심을 하고 있던 영국과의 군사동맹이 유리한 세력균형을 유지하는 첩경이라는 생각으로 영국에게 우호적으로 기우는 경향을 보이기 시작하였다.

반면 러시아와 프랑스는 외교적 이익에서 접근하고 있었다. "증진하는 금융관계, 프랑스 함대의 러시아 크론스타트(Kronstadt)에서의 열광적 환영, 짜르의 파리방문은 모두 1892년 8월의 프·러

7) Ibid., p.205.

8) Hillgruber, op. cit., p.3.

군사회의에서 공식적으로 표명된 양국 우호관계"의 상징적 과정이었다. 이에 대응하여 독일은 영국이 3각동맹(triple alliance)을 지원할 것을 요청하였으나, 영국측으로부터의 반응은 불만족스러웠다. 사실 영국은 이 당시 크론스타트에서 출발한 프랑스 군함을 포츠머스(Portsmouth)에 기항하도록 초청하여 프랑스와의 협력을 추구하는 한편 "러시아와 인도의 오지에 대한 협상을 개최할" 준비를 하고 있었다.9)

그러는 사이에 아프리카에서 영국과 독일 사이에 약간의 식민지 분쟁이 발생하였으며, 영국의 부정적 태도에 따라 독일은 점차 영국 선호정책을 포기하고 이러한 사건들을 계기로 보다 적대적이고 공격적인 정책을 수용하기 시작하였다. 빌헬름 2세는 범독일주의(pan-Germanism)를 주장하였고, 많은 압력단체, 제국주의 조직들, 그리고 대중매체들도 독일의 민족주의를 부르짖기 시작하였다. 영국이 식민지분쟁에서 물러서지 않을 것임을 분명히 하였을 때, 영국과 독일의 반목은 자연히 더 가속화 되었으며 영국은 1894년에 러시아와 파미르(Pamirs)지역에 대한 합의에 도달하였다. 독일은 한동안 러시아와의 관계개선을 모색하였으나 그리 쉬운 일은 아니었다.

이 상황에서 영국과 독일의 식민지분쟁은 계속되었다. 예를 들어, "독일과 영국의 외무성 관리들은 자기들의 해군 제독들의 반대에도 불구하고 사모아 근해에 전함을 배치하기를 원하였고, 서아프리카에서는 황금해안-토고랜드(Gold Coast-Togoland)와 나이제리아-카메루운(Nigeria-Cameroons)을 잇는 북부 경계선에 대한 협상이 주장과 반대주장으로 점철되었고, 남아프리카에서는 로오

9) Kennedy, op. cit., pp.211-212.

드(Rhode)의 북부로의 전진에 대한 영·독의 반목, 포르투갈 식민지의 장래에 관한 문제, 그리고 보어인(Boers)들에 대한 독일의 지원 등 모든 것이 계속되는 불화에 기여하였다."[10]

청일전쟁(1894~1895)이 진행되는 동안 영국과 독일은 제국주의 경쟁의 모든 면에서 갈등을 빚었다. "그들은 (청일전쟁이라는) 극동의 위기에 별도의 다른 길을 택했고, 아르메니아(Armenia) 사건이나 터어키의 장래에 대해서는 더 한층 다른 입장을 취하였다. 그들은 남아프리카에서도 심각한 갈등에 휘말렸다."[11]

제국주의 경쟁이 가속화되었을 때, 영국도 역시 자국의 이익과 세력을 방위할 준비가 되어 있다는 표시로 애국심에 기초한 공격적 국수주의(jingoism)의 징후를 보이기 시작하였다.[12] 그러나 그러한 제국주의적 표현들이 영국의 전세계 지배에 대한 자신감의 표현은 아니었다. 1890년대 중반 경에 영국은 그 제국주의적 장래에 대하여 상당히 우려하고 있었다. "끝없는 전선과 더불어 널리 퍼져 있고, 너무나 긴 공급선과 잠재적 반란 지역의 존재로 인하여, 상당수준의 방어문제"가 존재하고 있다는 것은 너무나 명백한 사실이었다. 비슷한 논리로 영국의 모든 군대가 그 정치, 경제, 그리고 군사·전략적 이익을 지키기 위하여 전세계로 나갔을 때, 영국은 경쟁국들로부터의 영국 본토 공격에 대해서도 마찬가지로 우려하지 않을 수 없었다. 사실 영국의 팽창은 통제범위를 벗어날 정도로 진척되어 그 극치에 이르고 있었다.[13] 영국은 한편으로는 군사경비지출을 증가시키고 또 다른 한편으로는 열강들과의 직접

10) Ibid., pp.214-217.
11) Ibid., p.219.
12) Porter, op. cit., p.57.
13) Ibid., pp.58-59.

적 군사충돌의 가능성을 높이고 있는 공식합병의 결과에 매우 근심을 하고 있었다. 영국은 군사간섭 없이 경제적 이익을 계속 증가시킬 수 있도록 세계경제지배를 통한 비공식적인 제국만을 갖기를 원하였으나 그것은 다른 열강과의 군사대치의 필요성, 해외정착민(settlers)들의 하위제국주의(subimperialism), 그리고 원주민들의 반란에 비추어 불가능한 일이었다. 동시에 직접적 식민화는 전략적 목적을 위해서도 필요하였다. 예를 들어 영국의 동방정책의 핵심이었던 1882년의 이집트 정복은 1869년에 개설된 수에즈 운하를 프랑스의 야심과 이집트인들의 반란으로부터 보호하는 것이었다.[14] 수에즈 운하는 영국에게 그것이 아프리카, 동남아시아, 남태평양 그리고 동아시아를 포함하는 전세계로 진출하는 필수적 통로라는 점에서 결정적으로 중요하였다. 수에즈 운하를 통과하는 선박의 82%가 영국 선박이었던 것이다.[15]

영국과 독일은 사실상 모두 제국주의 경쟁에서 큰 양보를 할 수 있는 상황에 있지를 않았다. 독일도 1890년대 말에 이르러서는 단지 유럽의 강국이 아니라 세계 강대국의 대열에 참여하기로 결심을 굳히고 있었다. 독일은 영국과 같은 수준의 세력이 되기를 원했다.[16] 독일은 "뒤쳐져 세계의 약한 국가군에 속해서는 않된다"고 느끼고 있었다.[17] 영국에 도전하는 세력으로 부상하려는 독일의 계획은 1898년과 1900년의 해군함대 건설을 의도하는 두 개

14) Ibid., p.40.

15) D. K. Fieldhouse, *Economics and Empire*, Ithaca: Cornell University Press, 1973, pp.63-87, 260-285, 460-477.

16) Hillgruber, op. cit., p.2.

17) David E. Kaiser, "Germany and the Origins of the First World War," *Journal of Modern History*, 55, 1983, p.450.

의 해군안인 티르피츠(Tirpitz) 계획으로 가시화되었다.[18] 해군건설은 영국의 세계패권에 대한 독일 도전의 가장 심각한 징표였으며, 그 이유는 그것이 영국의 해상통제권에 대한 직접적 위협이었기 때문이었다. 기본적으로 독일의 해군력 증강은 영국의 "생존이 과거 수백년 동안에는 볼 수 없던 방법으로 위협받고 있다"는 것을 뜻하였다.[19] 더군다나 독일은 터어키로부터 베를린, 비잔티움, 그리고 바그다드를 연결하는 철도부설권을 획득하여 남하정책추진에 유리한 입장이 되어 과거보다 더 중동지역에 있어서의 영국의 이익을 위협하였다.[20] 영국은 "대륙에서의 패권과 새로운 해군력에 뒷받침받아 팽창하는 독일이 영국이 곧 질식하게 될 유럽에서만이 아닌 세계속에서의 환경을 창출할 것이라"고 믿게 되었다.

영국은 독일의 해군력 증강을 통한 세계패권 도전에 극도로 민감하였다. 영국은 아직 제1의 적이 러시아인지 아니면 독일인지 판단할 수 없었다. 러시아는 전세계에서 영국에 대적하는 전통적인 적이고, 독일은 전례없는 해군력 증강이라는 방법으로 도전하는 떠오르는 적이었다. 이러할 때 1904년 2월 러시아와 일본은 노일전쟁(1904~1905)을 시작하였다. 그 노일전쟁은 "1890년과 1914년 사이 시기의 국제관계발전의 한 전환점이 되었다. 유럽에 대한 동아시아에 있어서의 결정적 효과는 영국의 러시아와 독일에 대한…세력균형의 상대적 비중에 대한 인식의 변화였다."[21] 노일전쟁은 영국의 제1의 적이 독일이라는 것을 확실히 인식시켜준 사건이었다.

18) Hillgruber, op. cit., p.9.
19) Porter, op. cit., p.81.
20) Jo, op. cit., p.478.
21) Porter, op. cit., p.74; Hillgruber, op. cit., p.13.

독일을 1차적인 적으로 지정하면서, 영국은 1904년 4월에 프랑스와 대독 군사동맹을 즉시 체결하였다. 1904년의 영·불협상은 "아프리카, 캐나다 그리고 태평양과 동양을 포함하는 전세계의 식민지에 관한 광범위한 합의의 형태를 띠었으나, 그 합의의 진정한 중요성은 그것이 독일을 겨냥하고 있다는 것이었다."22)

1905년에 다시 모로코 내란이 발발하였다. 영국, 프랑스 그리고 독일이 그 위기에 간섭하였으나, 근접한 알제리아에 알제리아로부터 세네갈에 이르는 사하라 횡단철도라는 중대한 이권을 갖고 있던 프랑스가 결국은 모로코에 그 통치권을 확립하였다. 영국 역시 지중해의 입구와 수에즈 운하에 이르는 통로라는 점에서 모로코에 지정학적 이해관계를 갖고 있었으나 프랑스와의 동맹에 피해가 가지 않고 또 프랑스가 러시아나 독일을 지원하지 않도록 프랑스에 양보하였다. 독일 역시 원래 한편으로는 영·불동맹을 흔들어 놓을 목적으로 그리고 또 한편으로는 국제정치에서의 중재자로서의 역할을 하기 위하여 간섭하였으므로 더이상 그 위기를 부채질하지 않았다. 영국이 프랑스와 합의를 이룬 후에는 독일은 더이상 할 말이 없었으며,23) 독일은 프랑스로 하여금 모로코문제를 국제회의에 회부시키게 하여 그 위상 확보에 성공하였으므로 더이상 공격적일 필요가 없었다.24)

이 위험한 국제경쟁속에서 영국은 다시 1907년에 러시아와 대독 군사동맹을 체결하였다. 극동지역에서 일본에 패하여 근동지역(Near East)으로 후퇴하게 된 러시아는 더이상 영국의 제1의 적이 아니었던 것이다. 영국과 러시아의 이 합의에서 페르시아 이북의

22) Porter, op. cit, p.74.

23) D. K. Fieldhouse, op. cit., pp.269-292.

24) Kaiser, op. cit., p.452.

지역은 러시아의 영향권에 속하며, 페르시아의 남부는 영국의 통치권에 속하고, 페르시아의 가운데 지역은 중간지대(intermediate zone)이고, 아프가니스탄은 영국의 영향권에 속하며, 티벳은 양국의 완충지역이라고 규정되었다. 그러나 영·러군사동맹의 주목적이 식민지문제의 해결보다는 독일을 겨냥하고 있다는 사실은 명명백백한 일이었다. 그리하여 영국, 프랑스 그리고 러시아간의 3국협상(Triple Entente)이 성립되었다. 프랑스와 러시아의 군사동맹은 일찍이 1894년에 체결된 바 있었다. 그 3국협상의 결과는 경쟁열강들에 의한 독일의 고립과 포위였으며, 독일은 제1차 세계대전을 통하여 그 탈출구를 찾게 되어 있었다. 제1차 세계대전은 영국의 세계패권에 대한 독일의 도전이었다.[25]

25) Porter, op. cit., p.75.

제8장 세계대전 사이의 시기와 제2차 세계대전

제1차 세계대전에서의 독일의 전략은 먼저 프랑스를 신속히 패퇴시키고 두번째로 러시아를 공격한다는 쉴리펜 계획(Schliffen Plan)으로 특징지어졌다. 그러나 그 전쟁은 양측의 엄청난 공급능력으로 말미암아 쉽게 끝나지 않았다. 결국 상황을 반전시킨 것은 미국의 3국동맹 측에의 가담이었다. 초기에 참여하지 않았던 미국은 1917년에 세력균형의 목적상 전쟁에 참가하였다. 반면에 러시아는 1917년의 공산혁명후에 독일 및 오스트리아와의 단독 평화협정을 통하여 전쟁에서 철수하였다. 1918년 11월의 연합국의 승리후 연합국들은 1919년 1월에 파리회의(Paris Conference)를 소집하고 일련의 협상을 거쳐 베르사이유 조약(Versailles Treaty)에 서명하였다. 그 조약은 국제연맹 창설을 지정하고 독일 항복의 조건을 명시하였다. 독일은 육군이건 해군이건 군대를 증강시키지 못하며 연합국 측에 상당량의 손해배상금을 지불하도록 명령하였다. 또 독일의 해외영토들은 연합국으로 이양되었으며, 프랑스는 알사스-로레인을 회복하고 토고-카메루운(Togo-Cameroon)을 획득하였으며, 영국은 동아프리카를, 뉴질랜드는 사모아를, 일본은 남태평양의 섬들과 중국의 산동지역을, 그리고 벨지움도 약간의 영토를 할양받았다.

제1차 세계대전은 유럽의 강국들이 4년에 걸친 긴 전쟁으로 인하여 약화되었고, 독일, 오스트리아 그리고 터어키가 공화국으로 재편되었으며, 미국의 국제정치에서의 역할이 증가하였고, 소련으로 재구성된 러시아가 거의 국제정치에서 후퇴하였으며, 에스토니아(Estonia), 라트비아(Latvia), 리투아니아(Lithuania), 이집트, 아프가니스탄, 이라크 그리고 시리아와 같은 유럽과 중동의 수많은 국민국가들이 독립을 쟁취하였다는 뜻에서 세계의 국제정치구조를 상당히 변화시켜 놓았다. 비슷한 논리로 미국의 윌슨 대통령에 의해 주창된 세계규범이 전세계에 퍼지게 되었다. 그러나 세계의 강대국 세력구조가 과거에 비하여 변화된 것은 사실이나 유럽이 아직도 세계정치의 중심지로 역할하고 있다는 의미에서 세계정치구조의 변화정도는 제한된 수준에 이르고 있었다. 특히 미국은 세계 지도자로서의 역할에 대한 확실한 태도표명이 없었고, 소련도 1919년의 코민테른 창출과 같은 몇몇 국제공산주의 활동을 제외하고는 국제정치에서 그 모습을 크게 드러내지 않고 있었다. 일본이 또다른 강대국이었으나 일본 역시 19세기 초 이후로 전세계를 휩쓴 전반적인 유럽의 힘 앞에서 그 국제활동이 다소 제한되어 있었다. 마찬가지로 아프리카, 동남아시아, 그리고 동아시아를 포함하는 전세계 대부분의 지역은 중국의 일부와 한국과 같은 일본 식민치하의 동아시아의 몇몇 나라를 제외하고서는 아직도 서구 제국주의의 굴레를 벗어나지 못하고 있었다. 역시 마찬가지로 미국에 의해 주창된 민족자결이라는 국제 윤리규범도 그 원천지인 유럽 근처의 지역에 한정되어 아직 역사적으로 미성숙 단계에 있었다.

제1차 세계대전후 서유럽 강국들의 관심은 유럽 내부와 외부로 나누어졌다. 서유럽 국가들의 유럽 외부에서의 관심의 초점이 식민지에 맞춰져 있었다면, 이들의 유럽 내부에서의 주된 관심사항은 1920년에 창설된 국제연맹과 기본적으로 기타 열강, 특히 일본의 해상권 도전을 저지할 목적으로 소집된 1921년의 워싱턴회의(Washington Conference), 1927년의 제네바회의(Geneva Conference) 그리고 런던회의(London Conference)를 제외하면, 독일과 관련된 문제를 중심으로 맴돌았다. 예를 들어, 프랑스와 벨지움은 1923년 1월에 독일의 전쟁배상금 미지불을 이유로 독일의 루르(Ruhr)지방을 점령하고, 미국과 유럽국가들은 독일의 경제능력 향상의 목적으로 경제지원을 위한 도오즈계획(Dawes Plan)을 도입하였다. 프랑스와 벨지움이 도오즈계획에 만족하여 루르지방으로부터 철수하자 유럽국가들은 1925년 10월 독일의 국경선에 관한 합의와 미래 국제분쟁의 평화적 해결을 보장하는 로카르노 조약(Locarno Pact)에 서명하였다. 더욱이 독일이 극도로 침체하는 경제사정으로 인하여 전쟁배상금을 더이상 지불할 수 없게 되자, 미국과 유럽국가들은 1929년의 영계획(Young Plan), 1931년의 후버지불유예(Hoover Moratorium), 그리고 로잔느 배상합의(Lausanne Reparation Agreement)를 통하여 계속적으로 독일 배상의 조건을 완화시켜 주었다.[1)]

서방국가들, 특히 영국의 독일에 대한 정책은 독일에 대한 거의

---

1) Jo, op. cit., pp.491-494.

계속적인 양보인 강한 입장에서의 유화(old appeasement: appeasement from a strong position: 1920~1932)로 대표되었다. 이러한 유화정책은 여러가지 이유에 근거하고 있었으며, 그중에서 영국도 제1차 세계대전 발발에 책임이 있으며 베르사이유 조약의 조건이 독일에게 너무 혹독했다는 것이 두 가지의 가장 큰 이유였다. 만약 다른 이유가 있었다면, 그것은 독일이 공산주의를 신봉하는 러시아보다는 나을 것이라는 것이었다.2)

소련은 그 당시에는 정치공고화와 경제성장을 위한 국내정치에 모든 관심을 쏟고 있었다. 멘세비키(Mensheviki)를 포함하는 반혁명세력이 진압되자마자 소련은 경제의 공산화에 착수하여, 산업시설, 통신·교통시설 그리고 은행이 국유화되었고, 토지는 농민에게 재분배되었으며, 소호즈(Sovkohz)와 콜호즈(Kolkhoz) 같은 집단농장체제가 도입되었고, 해외무역은 국가의 감독하에 놓이게 되었다. 1921년을 전후하여 초기의 경제생산성이 감소하자, 소련은 생산성 제고의 목적으로 잠시동안 산업과 농업에서 소규모 개인 이익을 허가한 신경제정책(New Economic Policy)을 실시하였다. 산업의 경우에는 공장의 개인소유권은 20명 미만의 종업원을 보유한 기업에만 허락되었다. 비록 서방국가들이 사유제도의 도입은 공산주의 경제의 파멸을 의미한다고 비난하였으나 소련은 계속적인 국가계획경제로 특징지어지는 공산주의 경제정책을 성공적으로 실시하였다. 제1차(1928~1932) 및 2차(1933~1937) 경제계획은 소련으로 하여금 산업능력, 특히 국방과 직결된 중공업 분야에서의 생산성을 전례없는 규모로 증가시켜 소련을 일약 미국 다음

2) Martin Gilbert, *The Roots of Appeasement*, New York: New American Library, 1967, pp.138-158.

의 세계 제2의 산업국가로 부상시켰다.

이러한 상황에서 유럽은 다시 커다란 변화를 맞이하고 있었으며, 그것은 1933년의 히틀러(Hitler)의 선거를 통한 독일 수상직 당선이었다. 히틀러는 당선 즉시 육군병력을 10만에서 50만으로 증강시켰다. 영국은 독일도 어느 정도 세력을 팽창시킬 권리가 있으며, 히틀러 치하의 독일이 유럽을 공산주의 진출로부터 보호하는 역할을 할 것이라고 생각하여 다시 독일에게 유화정책을 사용하기 시작하였다. 그리하여 약한 위치에서의 새로운 유화정책(new appeasement: 1933~1935)은 독일로 하여금 라인란트(Rhineland)의 병력 강화를 통한 재무장을 허용하였다. 영국은 더 나아가 독일이 영국의 35% 수준으로 해군을 증강하도록 하여 또다른 양보를 허용하였다. 그러나 독일은 1936년 10월 이태리와 베를린-로마동맹(Berlin-Rome Axis)을 결성하고 1938년에는 오스트리아를 합병하였다. 그러나 영국은 아직도 1938년 10월의 뮨헨협정(Munich Agreement)을 통하여 체코슬로바키아의 수데텐(Sudeten) 지역을 독일에 할양함으로써 독일을 유화하려고 노력하고 있었다. 그러나 히틀러는 다시 1939년 3월 체코슬로바키아를 합병하였으며, 1939년 9월 폴란드를 침입함으로써 제2차 세계대전을 감행하였다. 제2차 세계대전은 독일의 영국 세계패권에 대한 제2차 도전이었다.[3)]

3) Jo, op. cit., pp.528-534.

제9장 미·소의 냉전과 탈냉전

제2차 세계대전에서의 독일의 패배와 영국의 기력상실을 계기로 세계정치의 주역으로 등장한 것은 미국과 소련이었다. 사실상 미국과 소련의 경쟁은 제2차 세계대전이 종료되기전부터 싹트고 있었다. 이미 1941년 8월 미국의 루즈벨트 대통령은 대서양회의에서 세계의 각 국가는 민족자결의 권리가 있으며 모든 국가들의 경제번영의 필요를 충족시키기 위하여 무역과 원자재에 대한 동등한 접근이 보장되어야 한다고 강조하였고, 소련은 동구국가들이 역사적이고 지정학적인 이유에서 이러한 미국의 구상에서 제외되어야 한다고 역설하였다. 미국의 발상이 세계 최강의 자본주의적 경제국가로서의 필요를 충족시키기 위한 것이었고, 소련의 대응이 대륙으로 진입하는 해양세력에 대한 방어라는 입장에서 취해진 것이라는 것은 재삼 강조할 필요가 없는 것이었다. 이미 19세기에 팍스 브리타니카(Pax Britannica)를 건설한 대영제국과 상당한 국제경쟁을 벌였고, 20세기의 제1·2차 세계대전에서 독일과 극심한 경쟁을 치룬 소련으로서는 미국에 대한 완충지역으로서의 동유럽의 가치를 누구보다도 확실히 인식하고 있었다.

제2차 세계대전이 끝나고 두 초강대국은 유엔의 창설에도 불구하고 국제경쟁을 계속하였으며, 두 나라간의 적의는 그들 지도자들의 연설에 잘 반영되어 있었다. 1946년 스탈린은 맑스-레닌주의의 가치를 강조하여 "자본주의가 존재하는 한 전쟁은 불가피하다"고 말하였고, 처칠은 미국에서 행한 연설을 통해 동유럽에 펼쳐지는 철의 장막의 현실을 직시해야 한다고 역설하였다. 곧이어 스탈린은 미국이 세계경제 목적상 주도창설한 세계은행(World Bank)과 국제통화기금(IMF: International Monetary Fund)에의 참여를 거부하였고, 트루만은 1947년 3월 미의회에서 제2차 세계대전 이후의 대외정책의 기조가 된 냉전정책을 선포하였다.[1)]

1940년대 후반부에 들어와 세계 제1의 세력인 미국과 세계 제2의 세력인 소련은 유럽, 중동, 동아시아를 포함하는 전세계에서 대치하였다. 미국은 유럽에서 마샬플랜을 기초로 다자군사동맹인 북대서양 조약기구(NATO: North Atlantic Treaty Organization)를 창설하기 시작하였고, 소련은 동구 공산주의의 기초를 다지기 시작하였다. 또 미국은 동아시아에서 중국에 관심을 가지고 10만의 지원군을 파견하였으나 전세가 공산당으로 기울자 철수를 단행하였고, 소련도 통일중국을 원치 않았으므로 중국내전에 크게 간섭하지 않았다. 그러나 동아시아 최고의 관심국이었던 일본에 대하여 미국은 민주헌법을 제정함과 동시에 일본이 또다시 국제적 야심을 드러내지 못하도록 군산복합체인 재벌을 해체하고 주로 공

---

1) Bruce Cumings, *The Origins of the Korean War*, New Jersey: Princeton Univ. Press, 1981, pp.39, 40, 50.

산주의자들이 가담하였던 노동조합을 해체시켰다. 소련은 그 기본 목표가 유라시아 대륙을 통치하는 것이었으므로 미국의 일본에 대한 통치를 마다하지 않았다. 그리고 오랜동안 서구열강의 희생물이었던 한국에 대하여 미국과 소련은 분할통치를 결정하였다.

그러는 가운데 1948년 한반도에서는 이데올로기를 달리하는 두 개의 정부가 수립되었고, 1949년에는 소련이 핵무기개발에 성공하고 또 잇달아 중국이 공산화되었다. 미국은 공산주의에 대한 강경정책으로 수소폭탄제조를 결정하고, 이에 맞서 소련과 중국은 군사동맹을 체결하였다. 동아시아에서 이렇게 공산주의가 팽창하자 미국은 일본을 동아시아 반공산주의 전략거점으로 결정하는 동시에 태평양지역 방어전략을 발표하였다. 이 과정에서 미국의 한국에 대한 방어의지를 의심한 북한은 6·25전쟁을 감행하였고, 미국의 참전에 따라 중국 역시 가담하여 한국전쟁은 최초의 냉전의 군사적 표현이 되었다.

1950년대 중반기에 이르러 미국의 세계영향력은 현저히 증가하였다. 미국은 수소폭탄을 제조하고 핵잠수함을 개발하여 군사력을 강화시켰다. 또 미국은 세계 도처에서 여러가지 방법으로 정치·군사적 영향력을 확보하였다. 예를 들면 미국은 서유럽에 나토를 공고히 하였고, 북아프리카, 중동 그리고 동아시아에 전진배치기지를 건설하였으며, 앤저스(ANZUS) 조약, 시토(SEATO), 또 바그다드 조약을 창출하거나 또는 이 조약들에 가입하여 대소 봉쇄정책의 내실화를 기하였다. 또한 미국은 과테말라의 친공산주의 정권의 수립을 저지하였고 인도차이나에서의 프랑스 활동을 지원하였다.[2)]

---

2) Walter Lafeber, *America, Russia, and the Cold War*, New York:

미국이 세계적으로 영향력을 확장하고 있을 때 소련은 수소폭탄을 제조하고 북대서양 조약기구에 대항하기 위하여 마찬가지의 집단군사동맹인 바르샤바조약기구(WTO: Warsaw Treaty Organization)를 수립하였다. 소련은 또 아직은 지원을 필요로 하는 신생 공산국 중국에게 처음 중·소동맹의 조건보다 더 많은 군사·경제 지원을 제공하였으며, 중국이 1955년 4월 비동맹국가들의 반둥회의에 참가하였을 때 공산주의와 제3세계의 민족주의가 단합하여 서방 제국주의에 대항할 수 있다고 하며 중국의 시도를 지원하였다.[3)] 소련은 한 걸음 더 나아가 1956년말까지 월맹, 인도네시아, 이란, 아프가니스탄, 이집트를 포함하는 아시아 및 중동의 14개국과의 군사·경제지원협정 체결을 통하여 공산세력의 공고화를 기하였다.

1950년대 중반의 미·소관계의 한 가지 특징은 소련이 대륙간탄도미사일(ICBM: Intercontinental Ballistic Missile)을 성공리에 개발하여(1957. 8), 미국의 안보위협에 대한 최소한의 억지력을 달성하였다는 것이다. 따라서 소련은 두 개의 상극의 진영이 평화공존할 수 있다고 말하기 시작하였으며, 그것은 그전까지 소련이 자본주의의 악과 싸워야 한다고 주장한 것에 비추어보면 소련의 전반적인 외교정책에 있어서의 커다란 변화였다. 소련은 사실상 국제정치에서 미국과 어느 정도의 동등한 세력이라는 자신감을 표시하고 있었으며, 아직도 미·소에 비하여 군사·경제적으로 훨씬 뒤떨어져 있는 세계 제3위의 영향력 국가인 중국은 소련의 그러한 태도를 수정주의로밖에는 볼 수가 없었다. 그리고 이러한 중국

Alfred A. knopf, 1980, pp.111, 112, 122, 123, 129, 157, 168.

3) R. K. I. Quested, *Sino-Russian Relations*, Boston: Allen & Unwin, 1984, p.117.

의 소련에 대한 견해는 1960년대에 두드러지게 나타난 중·소분쟁으로 이어졌던 것이다.

1960년대에 들어와서도 두 초강대국은 경쟁을 계속하였다. 케네디 행정부는 피그만(Bay of Pigs) 사건, 라오스 간섭, 라틴 아메리카에서의 진보동맹(Alliance for Progress) 창설을 포함하여 여러가지의 국제활동을 시도하였으나, 가장 위험했던 순간은 미·소가 1962년의 쿠바 미사일 사태에서 정면 대결한 일이었다. 미국이 쿠바를 정복하지 않겠다는 조건하에 쿠바위기가 끝나고 미·소는 지상핵무기실험을 금지함으로써 군비경쟁을 제한하는 데 동의하였으나, 중국은 이에 크게 반발하였다. 미·소의 합의는 중·소관계를 크게 악화시켰고, 미·소에 비해 핵전력이 훨씬 열등하였던 중국은 소련에게 배신감을 느낄 수밖에 없었다.4)

그리하여 1960년대 중반에도 미·소는 타의 추종을 불허하는 두 개의 초강대국으로 존재하였다. 그러나 이것이 미·소가 주도하는 양대 진영에 내부적 문제가 없다는 뜻은 아니었다. 미국진영에서는 유럽경제공동체(EEC: European Economic Community) 국가들이 10억 불 상당의 전략물자를 소련에 판매하였고, 드골 지도하의 프랑스는 미국이 군사문제에 있어서 프랑스와의 협의가 부족하다는 것을 이유로 나토내에서 독자적 자세를 취하였으며, 아랍국가들은 석유수출국기구(OPEC: Organization of Petroleum Exporting Countries)를 결성하여 미국의 세계경제체제를 위협하였다. 소련도 비슷한 입장에 처하였다. 이미 언급된 바와 같이, 소련의 경우는 중국과의 분쟁이 가장 큰 문제였다. 1956년에 소련이 폴란드에 간섭하였을 때나 1958년에 미국의 레바논 군사개입에

4) Lafeber, op, cit., p.49.

대한 소련의 서방국가와의 협상시에 중국은 이미 소련을 크게 비난한 바 있고, 또 소련의 베를린위기에서의 태도나 인디아 및 인도네시아와의 관계발전에 대해서도 중국은 큰 불만을 갖고 있었다. 그리하여 중국은 1964년에는 후르시초프의 국제공산주의가 허위이며, 소련은 일본, 동독, 폴란드, 루마니아로부터 영토를 빼앗은 제국주의 국가라고 비난하기에 이르렀다.

이러한 상황에서 베트남전쟁이 한참 진행중이던 1960년대 말에 이르러, 미국의 존슨 행정부는 소련과의 데탕트를 추구하기 시작하였다. 미·소데탕트는 소련의 체코침공으로 잠시 중단될 듯이 보였으나 닉슨시대에 급진전하였다. 닉슨과 키신저에게는 데탕트는 여러가지 측면을 고려한 다목적 정책이었다.[5]

첫째로, 미국은 이미 진행중인 중·소분쟁을 계기로 미·중관계 개선을 통하여 외교적으로 소련을 고립시키고 중·소군사동맹을 약화시킬 것을 의도하였다. 따라서 미국은 1970년대 초반부터 미국의 자본과 기술이 중국으로 흘러 들어가는 것을 허용하였으며 또 미국인들의 중국여행을 자율화하였다. 둘째로, 미·소 모두 상대방을 과잉살상(overkill)할 수 있는 능력을 가졌으므로 미국은 핵 및 유럽지역 재래식 군비통제를 통하여 국내 경제를 안정시킬 것을 의도하였다. 따라서 미국은 1972년 소련과 전략무기제한협정 I (SALT I : Strategic Arms Limitation Talk)과 대탄도미사일(ABM: Anti Ballistic Missile) 조약을 체결하여 핵무기경쟁에 제한을 가하는 동시에 상호군사력 균형감축(MBFR: Mutual and Balanced Forces Reduction)과 유럽안보협력회의(CSCE: Confe-

---

5) David P. Calleo, *The Imperious Economy*, Cambridge, Massachusetts and London, England: Harvard Univ. Press, 1982, pp.9-25, 62-79.

rence on Security and Cooperation in Europe)를 통하여 유럽지역 재래식 군비통제를 시도하였다.

소련으로서는 브레즈네프 시대(1965~1982) 이후로 쿠바위기 때의 수치와 1964년 및 1966년의 중국의 핵실험 성공과 미사일 발사 성공에 자극받아 미국과 동등 또는 그 이상의 군사력을 추구하는 동등 이상 전략(No-Less-Than-Parity-Strategy)을 추구하였으므로 적어도 대륙간 탄도미사일에서는 미국과 전력균형을 이루었고, 따라서 미국과의 전략무기 제한에 반대할 이유가 없었다. 물론 아직도 소련은 미국에 비해 핵전력이 어느 정도 뒤떨어지는 상태에 있었다. 예를 들면 미국은 탄두의 명중 정도와 탄두수에서 소련보다 우위를 점하고 있었고, 또 소련은 해상발사 탄도미사일(SLBM: Submarine-Launched Ballistic Missile)과 전략 폭격기에서도 미국에 뒤쳐져 있었다. 또한 SALT Ⅰ이 핵탄두수가 아니라 미사일 발사대수 제한에 초점을 맞추어 이미 복수개별 유도탄두(MIRV: Multiple Independently-Targetable Reentry Vehicle)를 개발한 미국과의 핵무기 제한에서 불리한 점이 없지 않았다. 그러나 공산주의라는 경제적으로 불리한 체제를 가진 소련은 SALT Ⅰ과 유럽의 재래식 군비통제를 통한 경제적 이익 역시 고려하지 않을 수 없었다.

이러한 목적으로 시작된 미·소데탕트는 SALT Ⅰ의 약점으로 말미암아 양국 모두 핵탄두와 미사일수를 증가시키는 결과를 초래하여 소련은 1970년대 중반에 SS17, SS18, SS19 등의 복수개별 유도탄두장치를 장착한 신형 대륙간 탄도탄을 배치하였고, 미국 역시 핵전력 증강을 계속하였다. 1973년 10월 비엔나에서 미·소와 서독, 베네룩스 3국, 동독, 폴란드, 체코가 참가하여 시작된 상호군사력 균형감축도 무기보다는 병력감축에 초점을 맞추어 동구국가에서 소련군이 철수한다 할지라도 소련 남부의 국경군이 계속 주둔한다는 이유로 처음부터 열의가 없었으며, 알바니아를 제외한 전유럽 35개국이 참가한 유럽안보협력회의도 1975년의 헬싱키최종문서(Helsinki Final Act)를 통하여 신뢰구축(CBM: Confidence Building Measures)과 재래식 무기감축의 필요성에는 합의하였으나 실천은 쉽지 않은 상태에 있었다.

미·소관계가 이렇게 적어도 겉으로는 데탕트를 통하여 긴장완화를 이루어가는 듯싶은 1970년대에 중·소관계는 악화일로를 치달았다. 중국의 소련에 대한 대외정책은 소련을 서방세계와 일본을 통하여 견제하는 한편 제3세계에서의 영향력을 증대시키는 것이었다. 예를 들면, 중국은 미국과 관계증진을 이루어가는 한편 소련이 유럽을 통치할 목적으로 그 태반의 군대를 유럽에 주둔시켰다고 하며 서유럽 국가들이 소련에게 적의를 갖도록 유도하였다. 중국은 더 나아가 서방국가들은 소련의 제3세계에서의 영향력 확장을 저지하기 위하여 단합하여야 한다고 강조하였다. 마찬가지로 중국은 일본에게 소련의 일본 영토 탈취를 구실로 일·소관계 악화를 기도하였다. 또 중국은 아프리카, 중동, 동아시아를 포함하는 많은 제3세계에서 소련과 영향력 경쟁을 벌였으며, 동아시아에서는 소련 견제 목적상 특히 북한에게 많은 원조를 제공하였다.[6]

중국이 이렇게 강경책으로 나오자, 소련은 중국이 친서방화되는 것을 막기 위하여 진보도를 포함하는 우수리강 유역의 몇 개 섬을 돌려줌과 동시에 중국의 평화공존 5원칙을 수용하겠다고 발표함으로써 중국을 회유하려 노력하였다. 그러나 소련이 이러한 양

6) Quested, op. cit., pp.145-150.

보와는 모순되게 중·소국경에 군비증강을 실시하였으므로 중국은 소련과의 협상을 중단하였고, 이러한 관계는 결국 1972년과 1979년에 소련을 패권국가로 규정한 중·일 관계정상화와 미·중 관계정상화로 귀착되어 소련은 외교·군사적으로 고립되는 결과에 이르렀다.[7] 소련은 이에 대응하여 다시 본격적으로 극동 군사력을 증강시키기 시작하여 시베리아에 100여기 이상의 SS-20을 추가 배치하고 극동함대의 잠수함 전력을 보강하여 국제외교·군사 경쟁은 악순환을 계속하였다.

이와 같은 미국과 소련의 냉전경쟁으로 소련은 미·중·일에 봉쇄되어 절대적으로 불리한 입장에 처하게 되었다. 이때 소련은 아프가니스탄 공산주의가 민족주의화 하는 것을 막기 위하여 아프간 침공을 감행하였고, 미국의회는 조인된 전략무기 SALT II 비준을 거부하기에 이르렀다. 이무렵 미국에서는 군사강경노선을 강조하는 레이건이 대통령으로 당선되었다. 레이건은 전략방위구상(SDI: Strategic Defense Initiative), 대공산권 수출통제(COCOM: Coordinating Committee for Export to Communist Countries), 대소 경제제재 등의 강경책에 초점을 맞추는 한편, 1980년에 중거리 핵전력(INF: Intermediate-Range Nuclear Forces) 교섭을 그리고 1982년에는 전략무기 감축협정(START: Strategic Arms Reduction Treaty) 교섭을 시작하였다.

중거리 핵전력 교섭에서 미국의 중거리 핵미사일(572기)의 배치포기와 소련의 SS-20(약 350기) 및 SS-4, SS-5(약 270기) 제거라는 교환조건이 무산되고 스타트 교섭에서 미국의 제안이 거부되자, 미국은 전략방위구상을 계속 추진하고 1983년에 유럽에 퍼

7) Ibid., pp.151-153.

싱 II(Pershing II)를 배치하였으며, 소련은 단거리 핵전력(SNF: Short-Range Nuclear Forces: SS-21, SS-23)을 동독과 체코슬로바키아에 배치하여 소위 신냉전이라 불리는 군사경쟁이 재현되었다. 사실상 이즈음 소련은 브레즈네프와 오가르코프 참모총장 등 수뇌부에서 지적한 대로 핵전쟁이 전인류를 멸망시킬 것이라는 것과 미국에 비하여 소련의 무기기술이 낙후되어 있다는 사실을 크게 우려하고 있었다.

소련은 미국, 중국, 일본, 한국에 의한 봉쇄에서 탈피하고, 미국과의 군비경쟁에서 탈피하기 위한 수단으로 중국과의 관계개선에 초점을 맞추었다. 이미 1981~1982년에 소련은 중국과의 관계정상화를 원하고, 중국의 영토에 야심이 없으며, 대만에 대한 중국의 권리를 인정한다고 발표하였으므로 1983년경의 소련의 대중국 유화정책은 어느 정도의 성과를 거두기 시작하고 있었다.

소련의 유화정책에 중국은 다소 태도를 완화시켜 중·소국경에서의 소련군의 완전 철수를 원한 것도 아니고, 또 앞으로의 중·소 관계는 중국안보에 대한 소련의 태도에 달려 있다고 발표하였다. 중국은 또 아시아와 전세계의 평화를 위하여 중국과 소련의 점차적인 관계정상화가 필요하다고 부언하였다. 급기야 1983년에 소련과 중국은 동시에 양국의 정치협력의 중요성을 인식하고 있다고 발표하였고, 1984년에는 양국이 1990년까지 무역규모를 50~60억 루블로 증가시킨다는 데 합의하였다. 사실 중·소의 화해는 곤경에 빠진 소련의 시도로 시작되었으며 중국 역시 아직은 소련에 적수가 못되는 상황에서 소련의 제의를 거절할 이유가 없었던 것이다.[8)]

8) Roy Medvedev, *China and the Superpowers*, Oxford, New York:

이러한 상황에서 1985년 고르바초프가 소련의 지도자로 등장하였다. 고르바초프 집권 초기의 소련의 국내외적 여건은 다각도의 개혁을 필요로 하고 있었다. 국제적으로 보면, 소련은 미국과 극도의 군사경쟁을 벌이고 있었으며, 중국과의 관계정상화는 아직 기대하지 못했다. 일본도 미·일 방위협력의 증강으로 상당한 무장을 하고 있었고, 핵무기 과다보유는 인류를 공멸의 위기로 몰아넣고 있었다. 국내적으로는 소련의 관료제가 부패하고 경직되었으며, 경제는 GNP의 15~17%를 차지한 군비과다로 인하여 완전히 침체상태에 있었다. 후르시초프 시대를 제외하고 스탈린 이후로 강조되어온 중공업 위주의 정책은 소비재산업을 낙후시켜 소련국민의 생활수준은 서구에 비하여 말할 수 없이 낮았으며, 만성적 식량부족, 유통구조의 미발달 그리고 계속 감소되는 1980년대의 3%의 경제성장률은 소련을 사실상 경제파탄으로 몰아가고 있었다.

따라서 고르바초프는 국제관계를 개선하고 침체되고 몰락위기에 있는 소련을 개혁한다는 여러가지 구상을 하게 되었다. 그리하여 고르바초프는 1985년 11월의 제네바 미·소정상회담에서 핵전쟁은 결코 일어나서는 안되며, 핵전쟁시에는 어느 측도 승자가 될 수 없고, 미·소는 핵전력 우위를 취하지 말아야 한다는 합의를 도출하였다. 미국도 비록 소련보다 핵기술에서 앞선 면이 있었으나 역시 미·소간의 핵전력은 균형을 이루었으며, 미국의 제2차 공격능력도 문제시되는 상황에서 소련이 제안한 핵전쟁 회피의 기본원칙을 거부할 필요는 없었다. 고르바초프는 또 아·태문제도 적극적으로 해결한다는 태도를 취하였다. 아·태문제에 관한 두 가지

Blackwell, 1986, pp.158, 160-168.

중대한 계기는 전아시아 안보회의(All-Asian Forum) 제창과 베트남군의 캄보디아 철군 시사였다. 전아시아 안보회의는 1985년 5월 간디 인도수상이 소련을 방문하였을 때 고르바초프 서기장에 제안한 것으로, 아·태지역도 유럽과 같은 안보 논의를 위한 총체적 지역기구를 도입하여 관련되는 모든 국가가 참여하여 공동관심사를 논의한다는 것이었다. 이것은 1969년의 브레즈네프의 아시아 집단안전보장 제안 이후 계속 되어온 제안으로 아·태지역의 모든 국가가 소련의 영향력 확장음모라는 이유로 거부해온 사항이었다. 따라서 새로 국제무대에 등장한 고르바초프의 이러한 제안이 종래의 냉전구도에 비추어 미국을 비롯한 모든 아·태국가의 반발을 산 것은 당연한 일이었다. 미국 및 관련 아·태국가들은 아직 확실한 소련의 체제개혁이나 국제외교 및 안보전략변화의 확실한 증거가 없는 상황에서 그러한 제의를 거절할 수밖에 없었다. 그러나 베트남군의 캄보디아 철수 시사는 중국에게는 크게 환영할만한 사실이었다. 이것은 중국이 1985년 7월에 소련과의 관계개선 3대조건으로 내세운 소련군의 중·소국경에서의 군대철수, 소련군의 아프가니스탄에서의 철수, 또 베트남군의 캄보디아 철수 중의 한 가지 사항이었기 때문이었다. 중국으로서는 이미 소련과 관계개선을 시작한 상태에 있었고, 또 중국의 결정적 요구에 대한 소련의 호의적 반응은 중국의 권위 및 이익을 존중한다는 뜻으로 장래의 중·소관계에 커다란 결실을 맺을 수 있는 처사였으며, 결국에는 중국의 세계속에서의 지위격상에 도움이 되는 일이었던 것이다.

이러한 상황에서 1986년에 들어와 소련의 고르바초프는 수년후에 동·서냉전구조를 종식시키는 데 결정적 역할을 한 신사고(New

Thinking) 개념을 선언하였다. 국내적으로는 체제개혁을 위하여 페레스트로이카(개혁)와 글라스노스트(개방)를 추진해나가는 가운데, 고르바초프는 제27차 공산당대회(1986. 2)에서 장래의 국제관계의 핵심사상으로 역할하게 될 신사고 개념을 도입하여, 세계의 안전보장이 상호협력을 통하여 가능하며, 군사대결보다는 정치협상이 필요하고, 소련의 군사전략은 "공격을 행하기에는 불충분하나 방어를 위해서는 충분한 수준"을 유지하는 합리적 충분성의 개념에 기초한다는 획기적인 발표를 하였다.

신사고 개념은 그 이후로 소련의 국내정치에서 페레스트로이카와 글라스노스트가 중추역할을 한 것과 마찬가지로 국제관계에서의 핵심적 역할을 수행하게 되었다. 과거의 구식 접근방법보다는 급한 현실과 현시대의 위협에서 탈피하기 위하여 새로운 사고방식 및 정책이 필요하다는 것이 계속되는 고르바초프의 주장이었으며, 신사고 개념이 일시적인 위기모면을 위한 전술적 방편이 아니었다는 것은 그후 펼쳐진 역사가 증명한 일이었다. 고르바초프에 따르면 세계의 안전보장은 상호협력을 통하여 가능하며 군사증강만으로는 안전보장이 불가능하다는 것이었다. 미·소 상호간에 또는 대치하고 있는 동·서 양진영의 억제력에 기초한 안보전략은 계속 인류를 공포로 몰아넣고 불필요한 군비경쟁을 계속하게 하므로, 동·서 양측의 협력과 정치협상을 통하여 진정한 안보가 달성될 수 있다는 것이었다. 현재의 안보체제는 어떠한 기술적 발달에도 불구하고 결코 안정을 이룩할 수 없으며, 인류의 존재 그 자체를 위협하는 현체제에서는 상호의존과 협력을 통한 정치적 해결만이 인류가 원하는 결과를 도출시킬 수 있다는 것이었다.[9] 현

9) Paul Marantz, "Gorbachev's New Thinking about East-West Rela-

체제의 문제는 자본주의 진영만의 과오가 아니며 소련 역시 그 유래와 해결에 책임이 있는 당사자였다. 이러한 상황과 문제점을 극복하기 위하여 정치적으로 소련은 미국 및 서방과 협력하고 기타 국가의 자결권을 인정하여 어느 형태로든지 그들의 정치발전에 영향을 가하거나 간섭하지 않으며 군사적으로는 비공격적인 합리적 충분성의 원칙을 도입해야 한다는 것이었다.[10] 합리적 충분성은 서방에 대한 군사적 우위를 추구하지 않으며 엄격하게 동등한 능력도 추구하지 않고, 소련이 공격을 받을 경우에 방어를 하는 데 충분한 수준의 군사력 유지를 목적으로 하고 있었다. 이러한 군사전략은 병력과 무기의 양과 질 그리고 구조변화를 통하여 타국에 대한 위협을 철회하게 된다는 논리였던 것이다.[11]

과거의 군사독트린이 전쟁을 예상하고 전쟁을 치루는 데 치중하였다면 이러한 합리적 충분성의 교리는 전쟁의 방지에 초점을 맞추는 것이었다. 전쟁에 관한 한 핵무기가 가장 문제가 되는 사항이었으며, 핵전쟁은 어느 쪽이 유리한가가 아니고 동서 양측이 모두 살아남을 수 있는가 아니면 전멸할 것인가 하는 문제로 귀착되는 것이었다. 어떠한 분쟁도 군사적 수단으로 해결하지 않으며, 전쟁발발시의 치명적 결과를 예상할 때 소련의 자위가 위험시되는 때를 제외하면 어느 경우를 막론하고 소련은 핵무기를 포함

---

tions: Causes and Consequences," in Carl G. Jacobsen(ed.), *Soviet Foreign Policy*, Houndmills, Basingstoke, Hampshire, and London: The Macmillan Press Ltd., 1989, pp.18-21.

10) Philip D. Stewart & Margaret G. Hermann, "The Soviet Debate over New Thinking and the Restructuring of US-Soviet Relations," in George Hudson(ed.), *Soviet National Security Policy under Perestroika*, Boston: Unwin Hyman Inc., 1990, pp.55-56.

11) Marantz, op. cit., pp.21.

하는 군사력을 선제 사용하지 않는다는 것이었다.[12)]

이러한 신사고와 합리적 충분성의 기본입장에 따라 소련은 미국과 대탄도 미사일 제한협정을 15년간 연장하자고 제의하고, 1986년 10월 아이슬란드의 수도인 레이캬비크의 미·소 예비 정상회담에서 미국과 전략핵무기 발사대수와 탄두수를 일정 수준 감축하기로 잠정 합의하고, 전략방위구상에 관한 의견교환, 전략핵 및 중거리 핵무기 감축에 대한 진지한 토의 등 보다 적극적인 평화지향적 태도를 취하였다.

아·태지역에 관해서는 동년 4월의 아·태지역 안전보장에 관한 정부성명을 통하여 아·태지역의 비핵화, 신뢰구축조치의 필요성, 해양 군사활동의 제한과 동결, 외국기지철수를 수반하는 비군사 블럭화를 역설하였다. 동년 7월 28일 고르바초프는 블라디보스톡 연설을 통하여 다시 한 번 아·태지역에서의 군축의 필요성을 강조하고 구체적으로 운용적 군비통제방안과 동남아 및 한반도의 비핵지대화를 제시하였다. 이와 함께 고르바초프는 중국과의 국경 문제에도 양보자세를 취하고 또 아프가니스탄에서 소련군을 부분 철수시켜 중국과의 관계정상화 노력을 계속하였다. 이러한 일련의 조치에 대하여 중국은 호의적 반응을 보이고, 과거에 중국에 대한 위협으로 간주하였던 캄란만의 소련군대가 사실상은 미국 제7함대와 일본의 석유공급선을 겨냥하고 있다는 식의 해석을 내리기에 이르렀다.[13)]

---

12) "Contemporary Soviet Military Doctrine," *Asian Defense Journal*, July, 1991, p.13. Excerpt from a lecture paper by Maj Gen Shevchenko V.P., Deputy Chief at the Main Department of General Staff of the Soviet Union during his official visit to Malaysia in 1991.

1987년 초에 이르러 미국도 이러한 소련의 협력적이고 양보적인 자세에 의미있는 협력을 제공하겠다는 긍정적 태도를 취하기 시작하였다. 세계 자유진영의 태두인 미국은 그동안 자본주의 필멸을 주창해 온 소련의 자발적인 평화지향적 태도를 거절할 이유가 없었던 것이다. 물론 이것이 기본적 미국정책의 변화는 아니었다. 미국은 아직도 종래 추구해온 동맹관계의 견고한 유지, 소련봉쇄를 위한 전진배치, 또 국제경제정책을 계속할 태세에 있었고, 아직도 소련을 미국의 세계 이익에 대한 주위협요소로 간주하고 있었다. 미국의 전략평가에 따르면, 1987년 초의 소련의 군사력은 국경수비대와 보안부대를 제외하고서도 500만에 이르는 병력과 최첨단 무기로 무장되어 있었고, 국방비도 GNP의 15~17%에 이르고 있었다. 소련은 또 테러국가들을 음양으로 지원하고 있었으며, 정치체제 역시 아직은 전체주의의 테두리를 벗어나지 못한 상태에 있었다. 따라서 미국의 입장은 소련에 대한 군사적 억제력을 유지해가는 가운데 정치적 협력을 증대시키겠다는 것이었다.

이러한 국제정세의 추세에서 미·소는 1987년 12월 중거리 핵전력 폐기에 합의하였다. 사정거리 1,000~5,500㎞의 중거리 미사일은 3년안에 2단계로 나누어 폐기하며, 사정거리 500~1,000㎞의 미사일은 13개월내에 폐기, 더이상의 중거리 핵미사일의 생산을 금지한다는 등의 구체적 계획이 마련되었다. 비록 중거리 핵전력은 전체 핵무기의 4%라는 낮은 비율이었으나 이것이 동·서 긴장완화에 미친 심리적 영향은 심대한 것이었다.

또한 소련은 바르샤바조약기구가 합리적 충분성에 의하여 방어

13) Carl G. Jacobsen, "Sino-Soviet Relations: New Perspective," in Jacobsen, op. cit., p.151.

적 군사태세로 전환하였다고 발표하여 유럽의 긴장완화에 또 하나의 획기적 전기를 마련하였다. 바르샤바조약기구 서명국들은 핵 및 재래식 전쟁방지라는 대립적 군사교리를 전환하여 군비통제와 전쟁가능성을 억제하는 수단의 모색에 주력하였고, 무기의 양과 질도 방어적 성격으로 전환하여 탱크 및 항공기 등의 공격무기는 감축되고 대공방어무기 등의 방어적 무기가 보완되도록 하였다.

그리고 소련은 원래 유럽지역에 제한하기로 되었던 중거리 핵미사일 폐기를 아시아에 배치된 SS-20에도 확대하여 중국과의 관계개선을 증진시켰으며, 극동지역 전략군구(TVD: Theater of Strategic Military Operations)도 중·소국경에서의 공격에서 오호츠크해 기지의 방어로 전략목표를 재조정하고 극동해상함대는 그 작전범위와 규모를 축소시켰다.[14] 1988년 9월의 크라스노야르스크 연설을 통하여 고르바초프는 또다시 아·태지역의 군비통제에 관한 세부안을 제시하였다. 그중 중요한 내용은 아·태지역에서의 해상 및 공중에서의 안전조치, 해·공군의 활동제한, 핵무기 수량동결, 필리핀 미군기지와 베트남 소련기지의 상호철수 등이었다. 동년 12월의 UN연설에서 고르바초프는 소련군이 향후 2년내에 50만을 일방적으로 감축할 것이며, 세부적으로는 바르샤바 주둔군 중 24만이 감축되고 아시아 주둔군 20만과 소련남부 국경주둔군 6만이 포함될 것이라고 밝혔다. 또 유럽에 배치된 소련군의 무기 중에서 전차, 포 그리고 전술항공기가 대량 감축된다고 덧붙였다. 이러한 일련의 처사들, 특히 소련군 50만의 일방감축결정은 브레즈네프 이후 이루어진 최초의 실질적 감축으로 소련의 대외안보전략이 명실상부하게 신사고와 합리적 충분성에 근거하고 있음을

14) Ibid., p.152.

증명하였다.

고르바초프의 상호안보 개념에 기초한 소련의 대외 안보전략 변화는 1989년에도 계속 그 추세를 유지하였다.[15] 1989년 1월 유럽안보협력회의가 개최되어 나토와 바르샤바조약기구가 최초로 양측의 전력을 공개하여 유럽의 재래식 무기감축을 협의하였다. 나토는 바르샤바조약기구가 3배 이상의 탱크를 보유하고 있다고 주장하는 반면, 바르샤바 측은 2배 정도라고 반박하였다.

나토 측은 바르샤바조약기구의 우세한 재래식 전력을 시정하여 바르샤바조약기구의 대규모 및 기습공격능력 제거를 목표로 하였으나 의견차이로 합의에 도달하지 못하였다. 그러나 적어도 동년 3월에 개최키로 된 유럽재래식전력(CFE: Conventional Armed Forces in Europe) 협상의 협의지침을 토의하고, 비록 핵, 화학무기, 해군은 협상에서 제외되나 유럽안보회의의 테두리내에서 유럽 재래식 전력에 관한 회담을 연다는 것에 합의하여 냉전대결을 계속 완화시켜 나갔다.

그리하여 1989년 3월에 유럽 재래식전력협상이 개최되었다. 나토 측의 기본전략은 전력 불균형 시정과 바르샤바조약기구의 기습공격능력 제거였으므로 당연히 탱크와 포 등의 공격무기 감축에 초점을 맞추었고, 바르샤바 측은 낮은 편의 군비수준에서 10~15% 정도의 공통삭감이라는 원칙을 제시하였다. 나토가 바르샤바조약기구 측의 우세한 전력감축을 목표로 하고 있었으므로 이러한 바르샤바조약기구 측의 제의를 거부하는 것은 당연한 이치였으며, 비록 이 협상이 합의는 이루지 못하였으나 역시 동·서 긴장완화에 한걸음 더 다가가고 있다는 것은 부인할 수 없는 일이었

15) Stewart and Hermann, op. cit., p.49.

다.

1989년에 소련의 동구자결권 인정에 따라 동구공산주의가 몰락하고 화해적 미·소관계가 유럽에서 진행되는 가운데, 1989년 5월 중·소정상회담이 열려 역사적인 중·소 관계정상화가 이루어졌다. 아프가니스탄과 캄보디아 문제에서 계속 양보 자세를 취한 소련은 중국으로 하여금 소련이 과거의 패권국가에서 탈피하여 성실한 협조체제를 갈망하고 있는 국가라고 인식시키는 데 성공하였던 것이다.

이즈음에 이르러서는 미국도 계속되는 소련의 양보로 인하여 과거의 대소봉쇄정책에서 어느 정도 탈피하여 소련을 미국의 세계질서속에 편입시킬 수 있을 것이라는 생각을 하게 되었고, 미국과 소련은 1989년 12월의 몰타정상회담을 통하여 나토와 바르샤바조약기구의 정치협의기구화, 화학무기폐기 및 지중해 해군감축의 필요성, 또 동유럽 변화와 독일통일에 관한 의견을 교환하였다. 1990년에 들어와서는 미·소관계가 현저히 개선되는 가운데 미·소는 중부유럽군 규모를 19만 5천으로 감축하는 데 합의하고, 미국은 아시아주둔군 10% 감축, 소련은 아시아주둔군 대폭철수를 발표하였다. 이 시기에 이르러 소련은 총 30개의 사단을 감축하고 사단구조를 재조정하여 무기체계를 방어무기 위주로 변화시켰다. 탱크는 40%가 감축되고 탱크사단은 20%가 감축되었으며, 각 탱크사단이 160~250대의 탱크를 보유한 상태에서 대전차유도장비 및 방공장비가 보완되었다. 물론 소련이 곧 타결될 것으로 기대되었던 유럽재래식전력협상에 대비하여 동협상의 제한을 받는 5만여 종의 군사장비를 우랄산맥 동쪽으로 이동하고 몇몇 지상군 부대는 해안경비대로 소속을 변경시켰으나, 소련의 일반적 군사전략

이 방어적인 방향으로 흐르고 있다는 것은 부인할 수 없는 사실이었다.[16)]

1990년 10월에 소련은 독일의 통일을 허락하고 통일독일이 나토에 잔류하는 것을 용인함으로써 명실상부하게 미국의 의견을 존중하고 또 초강대국으로서의 위치를 포기한다는 입장을 명백히 하였다. 소련의 독일통일과 나토 잔류 허락은 냉전의 사고에서는 도저히 상상할 수 없는 일이었다. 독일은 과거에 세계대전을 두 차례 일으킨 장본인이며, 현재의 경제, 군사능력 및 잠재력 또한 소련이 무시할 수 없는 준강대국이었다. 이러한 독일이 통일되고 나토에 귀속됨으로써 미국의 세력이 확대됨은 말할 필요도 없고, 독일의 독자성 추구가 유럽 및 세계의 세력균형을 어떻게 변화시킬지는 누구도 장담할 수 없는 일이었다. 그러나 미국 및 서방의 외교·군사·경제역량이 이를 가능케 했으며, 이미 동구 공산국가의 민주화를 허용한 소련으로서는 더이상 동독의 완충지역으로서의 가치를 느끼지 않았던 것이고, 세계 초강대국의 위치를 포기해 가는 입장에서 오히려 독일의 경제지원 획득이 유리할 것이라는 것이 현실적 판단으로 대두된 것이었다. 이어서 12월의 파리회의에서 소련은 미국에게 유리한 유럽재래식전력협상 I(CFE I)을 수락하여 재래식 무기감축에 획기적 전기를 마련하였고, 동협상에서 제외된 영공감시 등의 의제를 유럽재래식전력협상 Ia(CFE Ia)에서 다룰 것에 합의하였다.

1991년에 이르러서 미국은 세계의 유일무이한 초강대국으로 존재하게 되었으며 이러한 미국의 위상은 걸프전에서 여실히 증명

16) John W. R. Lepingwell, “Towards a Post-Soviet Army,” *Orbis*, 1992, Winter: 88-89.

되었다. 미국은 탈냉전이 종결되어가는 시점에서 중동의 지역강국인 이라크가 쿠웨이트를 합병하여 신세계 질서를 파괴하는 것을 방관하지 않았고, 이라크로서는 결과적으로 강대국의 지원 없이 미국의 이익에 도전하는 과오를 저지른 것이었다. 소련과 중국은 걸프전에서 미국에 협조하여 미국의 신세계질서수립에 반대할 의사가 없음을 명백히 보여주었다. 소련의 경우 내부적으로 많은 군사전문가들이 미국의 호의를 얻기 위하여 동맹국을 배반한 소련정부의 결정을 비난하였으며, 이것이 장래에 미국이 팍스 아메리카나(Pax Americana)의 테두리에서 유엔이라는 민주적 기치하에 어떻게 소련을 포함하는 전세계 국가들을 동원하여 자기들의 국익을 증진시키는가 하는 것을 보여주는 실례라고 비판하였다. 따라서 소련의 국방장관 야조프와 다른 보수강경파는 공공연히 고르바초프와 세바르드나제가 소련을 완충지대도 없이 유럽재래식전력협상과 곧 타결될 것으로 전망되는 전략무기감축협정을 통하여 군사적으로 무력한 2등 국가로 전락시킨 장본인이라고 극구 비난하였다.[17] 물론 개혁파는 독일통일, 동맹의 붕괴 그리고 동유럽의 상실은 불가피하며 현재의 소련의 대외 및 안보정책이 소련의 국제사회에서의 이익보존에 가장 합당한 것이라고 반박하였다.

동년 6월 바르샤바조약기구는 해체되고, 7월에는 미·소간에 9년간이나 끌어온 전략무기감축협정이 합의되었다. 미국과 소련은 START가 재개된 이후로 지난 수년간 전략핵무기의 감축수준 및 검증방법, 이동식 다탄수미사일 문제, 신형미사일의 정의와 투사중량, 또 핵실험에 관한 정보공개 등의 문제를 놓고 견해를 좁히

17) Vernon V. Aspaturian, "Farewell to Soviet Foreign Policy," *Problems of Communism*, XL: 55, 130; Ibid., p.55.

지 못하고 있었다. 그러나 소련은 신사고와 합리적 충분성의 원칙에 입각하여 미국에게 대폭적 양보를 하고 전략무기감축협정을 타결시킨 것이었다. 예를 들면, 미국이 유리한 해상발사 순항미사일(SLCM: Sea-Launched Cruise Missile)은 전략무기제한협정에서 제외되었고 미국의 중폭격기는 소련보다 많은 숫자의 공중발사 순항미사일(ALCM: Air-Launched Cruise Missile)을 장착할 수 있었으며, 신형미사일의 정의도 미국측 의견이 보다 많이 반영되었다. 또 핵실험에 관한 정보교환에서 소련측 정보가 보다 손쉽게 획득될 수 있었으며 전략방위구상도 전략무기감축협정에서 제외되었다. 물론 전략무기감축협상이 미국에게 유리하게 타결되었으나 이로 인하여 세계의 핵균형이 낮은 수준에서 유지되게 되었다는 것만은 틀림없는 사실이었다. 미·소는 핵탄두는 각각 6천개, 전략핵 운반수단은 대륙간 탄도미사일, 해상발사 탄도미사일, 중폭격기를 합하여 1,600기 이하, 소련의 경우 대륙간 탄도미사일은 154기로, 대륙간 탄도미사일 탄두는 1,540개로 배치제한하도록 하였다. 곧이어 동년 9월에 미국이 단거리 핵전력폐기를 선언하고 소련은 10월에 같은 조치를 취하여 미·소는 군축과 긴장완화의 확고한 의지를 재확인하였다. 그러는 가운데 소련이 붕괴되어 독립국가연합(CIS: Commonwealth of Independent States)으로 재편되고 세계공산주의는 중국과 북한 및 수개의 국가를 제외하고는 지구상에서 소멸하게 되었다.

이러한 탈냉전과 신세계 질서의 생성은 직접적으로는 고르바초프의 신사고를 통한 강대국 세력구조의 변화와 페레스트로이카를 통한 소련의 국내 정치·경제제도의 변화에 기인하는 것이었으나, 근본적으로는 공산주의체제 자체의 문제점에 그 원인이 있었다.

45년간 지속되어온 냉전의 경쟁에서 자체적 모순점, 특히 제도의 경직성에 의한 발전의 저해, 생산성이 낮은 경제제도, 또 사회적 부패 등의 원인에 의해 소련은 미국에 맞설 수 없었으며 결국 과중한 군비부담은 소련의 국제경쟁 포기라는 결과를 초래하였던 것이다. 물론 이것은 소련의 구조적 결함 때문만은 아니었다. 어느 정도는 소련의 국제영향력 상실과 체제붕괴가 소련 외교의 서방국가에 대한 환상적 기대감에서 비롯된 일방적이고 계속적인 양보에 의해 야기되었다는 것도 부인할 수 없는 일이다.[18] 반면에 미국은 창의적 국내제도와 세계경제라는 유리한 국제경제질서를 토대로 소련을 물리치고 소련의 국제통화기금 가입과 중국의 문호개방 등을 유도하여 명실상부한 세계 제일의 세력으로 부상하였으며, 미숙한 소련외교에 대하여 신중하게 모든 기회를 포착하는 외교적 능란성으로 세계를 제패하였던 것이다. 비록 서유럽국가의 통합 움직임과 세계 각국의 민족주의 및 지역통합 움직임이 진행되고 있고, 미국의 정부재정적자가 4조 달러를 넘어서고 있으나, 미국이 세계의 패자임은 틀림없는 사실이다. 미국은 이미 서유럽국가의 나토 배제와 독일의 군사대국화를 허용치 않겠다고 발표하였으며, 독립국가연합은 미국의 국제영향력에 도전할 수 없는 상태에 있고, 중국은 미국의 세계경제권에 상당히 귀속되어가고 있으며, 일본의 군사대국화는 미국의 통제하에 진행되고 있다. 미국이 소위 팍스 아메리카나를 건설하였다는 것은 부정할 수 없는 사실이다.

---

18) Ibid., p.57.

제10장 냉전 이후 시대의 신국제안보질서

냉전 이후 시대의 신국제안보질서는 1985년의 고르바초프 등장에서 비롯되고 1990년대 초기의 걸프전과 구소련 해체를 계기로 구체화되기 시작한 신질서가 고착화되고 있다는 사실로 특징지어지고 있다. 그리고 이러한 세계질서의 대표적 양상으로 미국의 군사력 감축에도 불구한 정치적 영향력 확대, 미국 중심의 강대국 협력관계 조성 그리고 강대국의 불간섭에 따른 지역분규의 분출을 들 수 있다.

1. 미국의 정치적 영향력 확대

냉전 이후 시대의 미국의 정치적 영향력은 사실상 확대되었으며, 그 단적인 증거로 과거 구소련에 의하여 통치되던 지역이 현재의 러시아의 지배에서 벗어나 점차 미국의 영향권하에 귀속되거나 적어도 중립적 지위를 유지하고 있다는 사실을 들 수 있다. 예를 들면 동구권 국가들은 대체로 서구 민주주의와 시장경제의 방향으로 나아가고 있으며, 과거 구소련의 지원을 받던 쿠바나 리비아 그리고 소수의 아프리카 국가들은 미국의 강성한 위세를 두려워하고 있다. 마찬가지로 중동의 이라크 역시 걸프전 이후로 미국을 자극하려 하지 않고 있으며, 동북아의 북한도 체제붕괴를 우려하고 있다.

이것이 냉전 이후의 시대에 미국만이 세계 유일의 초강대국으로 인정되고 있는 이유이다. 다시 말하자면, 냉전시대의 미·소 중심의 양극체제는 소련의 국제경쟁에서의 자진 탈퇴로 인하여 냉전 이후의 시대에 미국 중심의 미국에 의한 평화(Pax Americana)로 전환되었으며, 그러한 체제속에서의 유일 패권을 보유하고 있는 미국은 세계정치를 자국의 이익과 실리에 맞게 꾸려나가고 있는 것이다. 이러한 견해는 중국의 존재에도 불구하고 성립될 수 있으며, 그것은 과거 19세기의 영국이 독일과 러시아의 존재에도 불구하고 영국에 의한 평화(Pax Britannica)를 형성한 것과 마찬가지의 이치이다.

이러한 미국의 위상과 지위의 유지 수단은 물론 미국의 외교력과 군사력 그리고 그 밑받침이 되는 경제력이다. 물론 미국의 외교력은 북한의 핵개발에 대한 미국의 입장과 같이 사안에 따라 약할 수 있으며, 미국의 군사력은 상당 수준 러시아의 군사력에 의해 견제되고 있다. 미국의 경제력의 경우는 현재 여러가지의 문제를 안고 있으며, 일본이나 유럽연합(European Union)의 강세로 인하여 일정 수준의 상대적 약화상태에 처해 있다. 그러나 적어도 국제사회에서의 영향력 행사라는 궁극적 목적을 위한 수단이라는 측면에서 볼 때, 이 세 가지 요소 모두는 동시에 고려되어야 하며, 그러한 의미에서 미국은 필요한 시기에 필요한 수단을 적절히 구사할 수 있는 유일한 국가인 것이다.

이러한 미국의 국제사회에서의 목적달성의 첫번째 수단인 냉전 이후 시대의 외교력은 미국의 유엔에서의 영향력이 대변한다고 할 수 있다. 과거의 미·소경쟁에 의한 유엔의 무력했던 기능은 보다 더 미국의 요구를 수용하는 상태로 전환되고 있으며 이라크, 보스니아, 소말리아, 캄보디아 등의 문제해결에 대한 가장 강력한 지도력은 미국으로부터 제공되고 있다. 서구 유럽이나 일본을 포함하는 기타 우방국들은 미국의 지도력을 추종하고 있으며 미국과의 협력을 공언하는 러시아와 같이 중국도 불가피한 상황이 아닌 한 미국에 반대하지 않고 있다.

마찬가지로 미국은 세계 최대의 군사동맹을 유지하고 있다. 유럽의 안보를 위하여 유지되고 있는 나토가 그러하며, 유라시아 대륙의 주변(rim land)을 따라 점철된 수많은 군사동맹이 미국의 영향력을 말해주고 있다. 미국의 외교력이 막강하듯이 미국의 군사력 역시 세계 최강이다. 미국이 4~5년 이내에 병력을 160만에서 140만으로 감축하고, 국방비를 1997년까지 2,450억불 수준으로 감축한다고 하나 전세계의 어느 국가도 그러한 규모를 모방할 수는 없다. 이러한 군사력으로 인하여 미국은 일단 유사시에 세계 어느 국가보다도 효율적으로 자국의 이익을 보호·신장할 수 있으며 군사개입 능력을 유지할 수 있는 것이다.

물론 러시아는 아직 강대한 군사력을 보유하고 있다. 예를 들면, 러시아 군병력은 260~270만 명 수준이며 1992년의 CIS국방예산 총액은 4,113억 루블(2,420억 불)에 달하였다. 그리고 1993

년 11월 현재 확정된 신군사독트린도 과거의 합리적 충분성에서 탈피하여 효과적 방어를 위한 공세작전이나 선제공격의 필요성을 인정하고 있으며, 핵 강대국의 보호를 받는 어느 지역국가가 공격을 감행할 경우 핵보복을 할 것이라고 공언하고 있다. 그러나 러시아의 병력은 1993년과 1995년 사이에 210만으로 감축되도록 계획되어 있으며, 1996~2000년 기간에는 150만 명으로까지 감축되도록 예정되어 있다. 국방비의 경우도 1992년도 무기 획득비는 전년도 대비 71.5%가 감소하였으며, 가까운 미래에 예산 자체가 상당수준 감축될 것으로 예측되고 있다. 그리고 전력발전의 경우도 군의 기동성 및 신속 대응력 증대를 계획하고 있으나 예산상의 이유로 신무기개발은 지연되고 있는 상태이다.

중국 역시 미국에 필적할 수는 없다. 중국은 1978년도의 최대 병력치인 433만에서 1987년까지 320만으로 병력을 감축하였고 1993년 현재와 같은 수준을 유지하고 있으나, 1992년 이후 100만 명을 재감축한다는 계획을 갖고 있다. 국방비 수준은 공식적으로는 70억 불 정도이며 비공식적으로도 200억 불 수준이다. 4개 현대화 계획의 일환인 국방 현대화 계획은 우선 순위상 가장 낮은 위치를 차지하고 있으며 무기 현대화 계획의 경우 2000년까지 1980년대의 미·소 수준으로 증강한다는 구상을 갖고 있다. 물론 중국은 과거의 광대한 영토와 무기체계 열세의 상황에서 유지해 오던 종심 방어전략(Strategy of Defense in Depth)에서 벗어나 장비 현대화에 입각한 전방 방어전략(Strategy of Forward Defense)을 새로운 전략기조로 채택한 바 있다. 또 군사 현대화는 지상군의 경우에 T-69/80 개발과 야포 52㎜ 자주화를 추진하고 있으며, 해군의 경우에는 2만톤급 헬기 탑재 항공모함을 건조하고 우크라이나로부터 쿠즈네츠급 항모구매를 추진하고, 시아급 핵잠수함 1척을 취역시킨 바 있다. 공군은 H-7폭격기와 Z-8헬기의 양산체제를 확충하고, 공중 급유기 및 조기경보기 확보를 추진하고 있다. 전략 미사일군은 CSS-N-3(동풍 4호: 사정거리 2,200~3,000㎞) 수중발사와 C-802 열추적미사일 개발에 성공하였고, 지하 핵실험을 통하여 정밀도 제고 시도를 계속하고 있다. 그러나 역시 중국의 군사력이 일정기간 동안 미국에 비할 수 없다는 것은 누구도 부정하지 않는 기정 사실로 되어 있다.

일본 자위대의 군사력도 주변 국가에 대한 위협은 될 수 있으나 미국의 군사력에 필적할 수는 없다. 일본의 방위정책 기조는 비핵 3원칙과 전수방어로 되어 있으나 국방비는 엔고현상을 감안한 현재의 350억 불 수준에서 2,000년까지 GNP의 1% 이하를 유지하여 600억 불 수준에 이른다는 계산이다. 전력발전의 경우, C3I 중심의 3군 통합체제를 유지하고 방공능력 강화를 위하여 F-4EJ 전투능력 개선과 패트리어트 요격미사일 체제 확립을 시도하며, 육상 및 해상 대처능력을 개선한다는 계획이다. 또 해상교통 안전확보능력 제고를 위하여 초수평(OTH) 레이다 도입과 AEGIS함 4척 건조, AWACS 4기 도입, 고속 대형 수송함 건조 등을 통하여 러시아 해·공군 활동범위 파악능력을 증진하고 중국의 해양능력 확대를 견제하며 방공, 경계능력을 강화한다는 방침이다. 그러나 역시 일본의 군사력 증강은 미국의 통제하에 진행되는 것으로 일본이 미국의 군사력에 도전할 수는 없는 것이다.

서유럽 국가들도 독일이건 프랑스건 아니면 영국이건 미국의 군사력에 준하는 시도를 할 수는 없다. 그리고 유럽연합의 공동체로서의 군사력 역시 효율적인 것은 아니다. 따라서 미국의 현재의 군사력에 필적할 국가는 전세계에 존재하지 않으며 그러한 가능성 역시 요원하다고 할 수 있다.

물론 미국은 전세계로부터 부분적 병력철수를 단행하고 있다. 유럽의 미국 주둔군은 10만 이내로 유지될 것이며, 아·태지역의 미군도 10만 이내의 규모일 것으로 알려지고 있다. 그러나 이러한 병력철수는 미국의 이익보호를 위한 충분한 규모로 미국의 위상을 지키는 데는 전혀 문제가 없는 수준이며, 동북아에서 북한의 위협을 인식하여 주한 미군의 제2단계 철수가 보류되었듯이 미군의 해외주둔 규모는 상황에 따라 얼마든지 조정될 수 있는 것이다. 따라서 미국의 해외주둔군 규모 축소는 미국의 영향력 상실의 기준이 될 수 없는 것이다. 미국이 가시적 미래의 군사 돌발사태에 대비하여 동시전장 승리전략(WIN-WIN Strategy)을 수립하였다는 것 역시 그러한 견해를 뒷받침하고 있으며, 특히 미국만이 유일하게 본토로부터 전세계를 방어할 수 있는 힘의 투사능력(power projection capability)을 갖고 있다는 사실은 미국의 군사적 능력이 건재하고 있음을 입증하고 있다.

미국의 경제력 역시 현재 세계 최강이며 적어도 가까운 장래의 경제력은 더욱 강성해질 것으로 예측되고 있다. 미국은 1992년 현재 세계에서 가장 강력하고 다변화되고 또 기술적으로 진전된 경제를 보유하고 있다. 미국의 경제성장률은 그 방대한 규모로 인하여 1991년의 성과가 0.7% 정도에 그치고 있으나, 적어도 1989년까지 계속 7년 동안 실질적으로 성장하여 1991년의 국내 총생산(Gross Domestic Product)은 5조 6,730억 불에 달하고 있다. 이러한 수치는 미국 경제의 최대의 적이라고 간주되는 일본의 국내총생산인 2조 3,607억 불(1991년 기준)과는 비교할 수 없이 큰 규모인 것이다. 이러한 미국의 경제규모를 창출하는 선진 산업은 석유, 철강, 자동차, 우주, 전화·전신, 화학, 전자, 식품가공 등 수 없이 많으며, 가트(General Agreement on Tariffs and Trade)의 우루과이라운드를 통하여 강요되고 있는 미국 농산물은 국내 총생산의 2%에 불과하다. 무역 규모는 수출의 경우에 4,280억 불이고 수입의 경우는 4,990억 불에 이르고 있으며, 국내 사정 역시 상당히 안정되어 소비자 가격에 근거한 인플레는 4.2%(1991), 실업률은 6.6%(1991)밖에 되지 않는다.

그러나 이것이 미국의 경제에 문제가 없다는 뜻은 아니다. 현재 지적되고 있는 미국 경제의 문제는 4조 달러를 상회하는 정부재정적자와 크게 줄지 않는 국제무역수지적자 문제이다. 이러한 천문학적 정부재정적자는 케네디 대통령 시절부터 유래된 것으로 그 주요 원인은 케네디 대통령 이후의 국방비 지출과 국내 사회보장제도의 확대에 있다. 특히 1970년대에 들어와 데탕트에도 불구하고 계속된 군비경쟁과 레이건 대통령 시절의 신냉전 시기의 국방비 지출은 재정적자의 가장 큰 요인으로 지적되고 있다. 반면에 미국 기업의 경쟁력 약화는 기업의 세금부담을 제외한다면 주로 미국 근로자들의 높은 임금과 미국의 낮은 저축률 그리고 그로 인해 유발되는 낮은 재투자율에 기인하고 있다. 사실 미국 기업의 2차 생산성은 어느 정도 유지되고 있다고는 하나 그들이 3차산업에의 투자를 통한 이윤추구에 더 관심을 갖고 있었다는 것은 부인할 수 없는 사실이다. 따라서 미국의 산업생산성이 경쟁력이 강한 일본이나 독일에 비하여 뒤떨어지는 것은 어느 정도 당연한 것이다.

그러나 미국은 이러한 경제를 회생시키는 데 전력을 다하고 있으며, 그 초점은 정부재정적자 축소를 포함하는 국내경제의 활성화 그리고 무역적자의 축소에 맞춰져 있다. 이러한 경제목표 달성을 위한 미국 클린턴 행정부의 경제정책은 국내경제 활성화의 경우 국방비 감축을 포함하는 지출삭감, 조세인상 그리고 3,000억 불 규모의 단기 정부투자로 구성되어 있다. 클린턴 행정부의 국방비는 1997년까지 2,460억 불로 감축되고 1993~1996년간에 2,500억 불의 적자를 축소시키게 되어 있다. 세금인상은 10만 불 이상의 고소득층이 주로 부담하여 1993~1996년간에 2,500억 불의 재정적자 축소를 가져온다는 계획이다.

정부 재정적자 축소에 간접적으로 기여하고 국제무역수지적자 축소에 직접적으로 공헌하는 국제경제에서의 가장 중요한 문제는 국제통상의 확대와 일본과의 경제불균형의 시정이다. 국제통상 확대의 경우, 미국은 기본적으로 외국의 상품과 서비스가 미국에 수입되는 것만큼 자국의 상품과 서비스도 외국에 수출되어야 한다는 주장이며 이러한 현실이 성취될 수 있도록 다자간, 지역적 그리고 쌍무적 협정들이 계속 체결·유지되어야 한다는 것이다. 미국은 대표적인 다자간 무역협정인 가트에서 자국의 상품수출이 더욱 활성화되도록 계속 압력을 가하고 있으며 현재의 우루과이라운드에서의 미국의 강경한 태도는 그러한 입장을 대변하고 있다. 서방 선진 7개국(Group 7) 국가들과의 협의와 조정을 통한 세계무역 및 재정조정과 계속적 원조정책을 통한 개발도상국의 경제성장촉진 역시 미국의 통상증대와 국제경제 활성화를 위한 방편이라고 할 수 있다. 또 미국은 미국, 캐나다 그리고 멕시코를 통합하는 지역협정인 북미자유무역협정(North America Free Trade Agreement)의 체결후 국내비준을 통과시켰으며, 아·태지역 경제협력기구인 아·태지역 경제협력체(APEC: Asian Pacific Economic Cooperation)를 정상회담으로 격상시켜 기구 위상과 역할 확대에 따른 국제무역의 촉진을 시도하고 있다.

일본과의 경제불균형 시정의 경우 미국은 500억 불을 상회하는 대일 무역적자를 해소하기 위하여 시장개방압력을 가하고 있으며, 일본이 경상흑자를 3년 이내에 국내 총생산의 1~2%로 감축하고 자동차 등의 시장개방 진전척도를 설정하며 수퍼 컴퓨터 등 정부 조달시장 및 금융, 보험, 산업 등에 대한 규제를 완화하도록 요구하고 있다. 물론 이러한 미국의 압력에 대하여 일본은 원칙적으로는 동의하나 실제적으로는 유보하는 2중정책을 구사하고 있다. 그러나 역시 이러한 미국의 구상과 시도는 미국의 경제활성화에 결정적 역할을 할 것으로 기대되고 있다.

결국 냉전 이후 시대의 미국의 국제적 영향력은 확대되었으며 미국이 이러한 세계 유일의 초강대국으로서의 위상을 지키는 데 적어도 일정기간 동안은 큰 문제가 없을 것으로 여겨진다. 그리고 이러한 논리는 냉전 이후의 시대에 국제체제가 다극화되고 미국의 영향력이 상실되었다는 견해를 부정하는 근거로 작용할 수 있다.

사실상 미국이 정치적 영향력이 확대되고 있다는 견해에 대하여 많은 의문이 제기된 바 있다. 예를 들면 과거 냉전시대의 미국과 소련의 대립이 해소됨에 따라 미국과 서유럽 국가간의 동맹이 약화되고 따라서 미국의 이들 국가에 대한 정치적 양향력이 감소하고 있다는 주장이 있어 왔다. 마찬가지로 미국의 전세계로부터의 군사적 철수와 미국의 4조 달러를 상회하는 재정적자와 연간 700~800억 불 수준의 국제무역수지 적자가 증명하는 미국 기업의 경쟁력 약화, 그리고 지역분쟁에서의 미국의 소극적 역할 등 수많은 예가 미국의 정치적 영향력 약화의 증거로 제시되어 왔다.

그러나 이러한 결론들은 자세히 분석하여 볼 때 그 근거가 상당히 약하다고 할 수 있다. 미국의 서유럽 국가에 대한 영향력 감소의 경우, 미국은 이미 나토와 서유럽동맹(Western European Union)의 공존을 확실시한 바 있으며 서구 유럽 국가들 역시 미국을 무제한 배척하고 있지는 않다. 물론 서구 유럽국가들이 현재와 같이 과거 구소련의 후신인 러시아의 위협이 없는 상황에서 미국의 요구에 무조건 순응할 이유는 없으며, 또 서유럽 국가간의 정치, 군사, 경제를 포함하는 제반 협력의 필요성에 대한 논의는 1993년 11월 1일 유럽의 통합을 위한 마스트리히트 조약의 공식 발효를 도출하였다. 그리고 이러한 조약의 발효에 따라 유럽통합의 일정표가 확정되었다. 예를 들면 1994년 1월에는 독일의 프랑크푸르트에 유럽통화기구(EMI)가 설치되었으며 동년 6월에는 유럽의회선거를 통하여 의원 518명이 선출되기로 예정되어 있다. 1996년 중반기에는 마스트리히트 조약의 재검토를 위한 정부간 협의가 있으며 1998년 중반에는 유럽 국방공동체가 창설되기로 되어 있다. 그러나 이러한 계획이 얼마나 순조롭게 진행될지는 미지수이며 그 이유는 12개 구성국가간의 정치, 군사, 경제적 이익의 갈등에 관한 변수가 너무 많기 때문이다. 경제적 갈등의 경우, 환율 변동폭을 상하 2.5%로 정하였던 유럽 통화제도가 변동폭을 15%로 재조정함에 따라 이미 영국과 이태리의 탈퇴가 문제시되고 있으며, 정치·군사의 경우 경비분담과 권한의 문제가 대두될 것이라는 것 역시 확실시 되고 있다. 결국 유럽의 경제통합과 정치통합 그리고 서유럽동맹의 군사적 효율성은 여러가지 측면에서

문제점을 갖고 있는 것으로 평가되고 있으며 유럽연합(EU) 국가 간의 갈등과 미국의 국제적 역할 및 야심은 미국으로 하여금 서유럽국가들의 무조건적 요구에 쉽사리 순응치 않게 할 것으로 전망되고 있다.

마찬가지로 미국의 지역분쟁에서의 역할이 소극적이라는 사실 역시 미국의 영향력 감소의 증거로는 채택될 수 없다. 미국이 구소련 지역에서의 민족분규, 소말리아에서의 치안유지 및 철수 그리고 보스니아-헤르체고비나 사태에서 지지부진하게 역할하고 있는 이유는 그것들이 미국의 사활적 이익에 관련되어 있지 않기 때문이며, 이러한 견해를 뒷받침하는 증거로 미국이 지역위협의 실체로 인식하고 있는 이라크나 북한의 핵개발에 대해서는 초미의 관심을 가지고 있다는 사실을 들 수 있다.

결국 확실한 것은 장래의 미국이 그 정책의 실패로 인하여 세계적 영향력이 감소될 수는 있으나, 현재의 미국의 영향력은 과거에 비하여 확대되었다는 것이다. 미국은 현재 자국이 원하는 목표를 전세계에서 달성하기 용이한 입장에 있으며, 냉전시대에 비하면 그 활동영역과 영향력은 증대된 것이다.

2. 미국 중심의 강대국 협력관계 형성

냉전 이후 시대의 또다른 특징은 강대국간에 미국을 중심으로 하는 협력관계가 조성되어 가고 있다는 것이며, 그 첫번째 예로 미·러관계를 들 수 있다. 미·러관계는 이미 선언된 바와 같이 동반자 관계이다. 물론 그것은 미국에게 유리한 방향으로 정립되어 있다.

이러한 미·러관계는 사실상 구소련시대부터 형성되기 시작하였으며 그 계기는 고르바초프의 신사고와 합리적 충분성 개념의 도입으로부터 비롯된 바 있다. 이미 설명된 바와 같이 신사고개념은 세계의 안전보장은 상호협력을 통하여서만이 가능하며 군사증강만으로는 안전보장이 불가능하다는 것으로 미국과 소련간의 억제력에 기초한 안보전략은 인류를 계속 공포로 몰아 넣고 불필요한 군비경쟁을 계속하게 만든다는 것이었다. 따라서 인류의 존재 그 자체를 위협하는 체제는 상호의존과 협력을 통한 정치적 해결을 추구하는 체제로 대체되어야 하며, 군사적으로는 자국이 공격받을 시에 방어하는 데 충분한 수준의 군사력 유지를 목표로 하여야 한다는 주장이었다.

이러한 신사고와 합리적 충분성의 개념은 소련으로 하여금 미·소간의 START Ⅰ 및 START Ⅱ 그리고 유럽에 있어서의 핵 및 재래식 군비통제협상에서 미국에게 대폭적으로 양보하게 하는 근거가 되었다. 더 나아가 이러한 기본 관념이 구소련으로 하여금 걸프전에서 미국에게 협조하고, 또 결국에는 미·러간의 동반자관계를 선언하게 한 배경으로 작용하였던 것이다.

현재의 러시아도 미국과의 협력적 관계를 유지하는 것이 자국의 실리를 위한 최선책이라고 판단하고 있다. 러시아의 옐친 대통령은 이미 수차례 미국과 러시아와의 관계는 동반자적 특성을 띠고 있음을 강조한 바 있으며, 협력의 구체적인 분야는 핵 및 화생무기 등의 대량살상무기 확산금지와 지역분쟁의 해결 등이다. 물론 이미 언급된 바와 같이 러시아의 신군사독트린은 공세적 성격으로 전환되었다. 그러나 이것이 러시아가 미국을 상대로 그러한 행위를 시도한다는 뜻은 아니며, 다만 러시아의 일반적인 군사태세적 입장을 말하고 있을 뿐이다. 또 군사력의 사용이 정치의 한 수단이라는 원칙에 입각하여 볼 때 그러한 군사태세가 국제사회에서 발동되기전에 러시아 정치지도자들의 정치적 여과를 거칠 것이라는 것은 재삼 강조할 필요조차 없는 일이다.

사실상 러시아는 현재 국내적으로 극도로 불안정한 상태에 처해 있으며, 무엇보다도 문제가 되고 있는 것은 새로 확립된 정치체제의 운용이다. 러시아는 1993년 9월 21일 옐친 대통령의 유혈사태를 동반한 의회 해산 이후 동년 12월 12일의 총선과 신헌법에 대한 국민투표의 결과 의회를 해산하고 비상대권을 발동하는 권한을 대통령에게 부여한 강력한 대통령제를 확립하였다. 따라서 의회의 권한이 대폭 축소되고 더 나아가 대통령 탄핵 발의권을 보유한 상원이 친옐친계로 구성되어 러시아의 개혁이 가속화될 여지는 커졌다. 그러나 옐친의 "러시아의 선택"당은 하원에서 과반수를 획득하는 데 실패하여 개혁에 대한 하원의 반대는 앞으로의 문제로 남아 있다.

경제적으로도 러시아의 개혁은 혼란을 거듭하고 있다. 예를 들어 가격자유화와 기업민영화로 대표되는 시장경제 도입후 물가의 폭등은 계속되고 있으며, 소비재는 절대부족 상태이고, 공업생산성은 별로 증가하지 않고 있다. 재무구조는 경화부족이 나타내듯이 계속 악화되고 있으며, 교통시설을 포함하는 사회간접자본의 신속한 확충은 아직도 불가능한 상태이다. 이러한 러시아가 미국과 대립한다는 것은 화를 자초하는 것이며, 따라서 러시아는 세계정치에서의 미국의 지도력을 추종할 것을 확실히 하고 있다. 그러한 입장은 적어도 당분간은 현명한 판단으로 간주되고 있다.

미·러관계가 협력적이듯이 미·중관계도 일정 수준 협력적 양상을 띠고 있다. 다시 말하여 미국이 중국에게 "하나의 중국" 원칙을 인정하듯이, 중국도 대량살상무기 확산방지조약(Non-proliferation Treaty) 및 화생무기금지조약 가입 그리고 미국의 지적소유권 인정과 불공정 무역관행의 시정 등 미국의 요구를 일정수준 수용하고 있다. 물론 중국은 냉전 이후의 국제체제하에서 가장 강력한 반미국가로서 역할하고 있으며 기본적으로 미국의 패권에 반대하고 있다. 그리고 그러한 자세의 표현은 평화공존 5원칙에 의거한 자주노선의 강조로 대표되고 있다. 그러나 그러한 원칙은 주로 중국의 핵실험 금지나 무기수출제한을 요구하는 미국의 패권확대 목적의 경우나 중국의 인권문제를 내세운 내정간섭의 경우에 적용되고 있으며, 결정적인 이유가 아닌 한 중국은 미국에 협력을 제공한다는 입장을 갖고 있다. 중국이 그러한 관계설정을 원하는 이유는 미래의 강국을 목표로 하는 4개 현대화 계획의 완수를 위한 평화적 국제환경의 조성이라고 할 수 있다. 다시 말하면 중국은 미국의 패권에 대하여 견제와 협력의 실용적 전략을 구사한다는 방침을 갖고 있는 것이다.

이러한 중국에 대한 미국의 인식은 기본적으로 중국이 강대국이라는 것이다. 미국의 인식에 따르면 중국은 인구상으로나, 문화적 유산으로나, 중심적인 지리적 여건으로 보나, 경제발전 가능성으로 보나, 또는 군사적 능력으로 보나, 어떠한 이유로 보나 강대국인 것이다. 이러한 강대국이 국제질서에 미치는 영향은 지대한 것으로, 미국은 중국에게 그 지위에 걸맞는 대우를 할 것이나 미국의 절대적 이익에 관한 부분에 대하여서는 견제한다는 방침이다. 미국이 현재 중국에게 요구하고 있는 사항은 천안문사태 당시

구금된 인사의 석방을 포함하는 인권문제 개선, 파키스탄과 이란 및 이라크에 대한 미사일 등의 무기수출자제, 핵실험 금지 그리고 대미 무역흑자 시정 등으로, 그 해결의 방향은 중국이 주장하는 바와 같이 가능한 한 미국의 요구를 수용하나 결정적인 사항에 대하여는 평화공존 5원칙의 기준이 적용될 것으로 예측되고 있다.

미·일관계 역시 미국 위주의 세계적 동반자관계(global partnership)로 정착되고 있다. 미·일관계는 이미 알려지고 있는 바와 같이 세계적 차원, 지역적 차원 그리고 양국간 차원으로 구분되고 있으며, 미국과 일본 모두 이 모든 차원에서 협력한다는 방침이다. 세계적 차원에서의 양국협력은 유엔의 평화유지 임무수행, 핵확산 금지 그리고 인권 및 민주주의 확산이라는 사안에 대하여 진행되고 있으며, 지역적 차원에서는 APEC과 아·태지역 전반에 관한 협력을 수반하고 있다. 그리고 양국간에서는 미·일 경제불균형 시정과 북한 핵문제를 포함한 동북아 국가들과의 관계조정에 관한 협력이 추진되고 있다.

미국은 일본의 국제적 위상과 그 경제능력을 감안하여 일본이 유엔 안보리 상임이사국에 선출되어야 하며, 일본의 군사대국화는 핵무기 개발을 제외한 분야에서 일정 수준 용인되어야 한다는 입장을 띠고 있다. 미국은 이러한 미국의 정치적 승인의 대가와 과거 냉전시대에 미국이 제공한 안보우산의 대가로 일본이 무역 불균형을 해소시키기 위한 가시적 조치를 취해야 한다고 강조하고 있다. 일본은 적어도 현재에는 미국의 지도력에 반대하지 않고 있다.

마찬가지로 미국과 기타 제국과의 관계도 큰 무리없이 미국 구상의 범위내에서 진행되고 있다. 이미 언급된 바와 같이 미국과 서구 유럽국가간의 관계는 미국이 아직도 상대적으로 유리한 세력균형을 유지하고 있는 상태이며 남미, 이라크와 이란을 제외한 중동지역, 동남 아시아 그리고 북한을 제외한 동북아 모두 미국의 영향권하에 속해 있다. 물론 미국은 이러한 몇몇 미국의 지배를 벗어나는 국가를 제압하기 위하여 현재 자국의 안보목표 중의 하나를 이라크와 북한을 포함하는 지역위협의 규제와 대량 살상무기 확산의 방지로 설정하고 있다.

3. 강대국의 불간섭에 따른 지역분규의 분출

냉전 이후 시대 세계질서의 또다른 양상은 전세계에서 지역분규가 계속되고 있는 것이다. 물론 이러한 현상은 일정 시간이 지난 뒤에는 그 양상을 달리하고 또 그 정도가 약화될 것으로 예측되고 있으나, 적어도 현재의 상황에서는 그것이 한 가지의 현저한 현실이 아닐 수 없다.

현재의 지역분규는 냉전이 와해되는 과정에서 강대국, 특히 구소련의 지배가 사라짐에 따라 내재적이었던 갈등요소가 노출된 것에 그 원인이 있으며, 주로 민족분규의 양상을 띠고 있다. 구소련지역의 경우에는 그루지아 공화국내의 압하스 자치지역에서 그루지아 정부군과 독립을 선언(1992. 7)한 분리주의 세력 사이에 전투가 전개되고 있다. 타지크 공화국에서도 내전과 민족분규로 수만 명이 우즈베크와 카자흐 등지로 피난과 이주를 하였으며, 몰도바 공화국의 트란스드네스트르 지역에서도 비슷한 현상이 벌어지고 있다. 카자흐 공화국에서는 타타르족과 회교 근본주의 세력간에 충돌이 진행되고 있으며, 아르메니아와 아제르바이잔 공화국은 나고르노-카라바흐를 둘러싸고 민족 및 영토분쟁을 전개시키고 있다. 아르메니아와 아제르바이잔의 경우에는 나고르노-카라바흐 지역이 자치 또는 아르메니아와의 합병을 요구한 것이 분쟁의 발단이 되었으며, 근 5년에 걸친 전투로 1만5천 명 이상이 사망하고, 1백만 명 이상의 난민이 발생하였다.

구유고슬라비아 지역의 보스니아-헤르체고비나 역시 민족분규를 겪고 있는 지역이다. 구유고슬라비아는 슬로베니아, 크로아티아 그리고 마케도니아 공화국의 독립선언으로 붕괴되기 시작했으며, 이러한 와중에 보스니아-헤르체고비나도 독립을 선언하였고, 1992년 4월 27일에는 세르비아 공화국과 몬테네그로 공화국 그리고 2개의 자치구인 코소보와 보이보디나가 신유고연방을 구성, 출범하였다. 보스니아-헤르체고비나 공화국 내전의 발단은 동지역내의 세르비아 민족과 독립을 원하는 이슬람계 사이의 민족갈등이며, 세르비아 세력들은 세르비아 공화국과 테네그로까지 포함하는 대세르비아 건설의 기치를 내걸고 영토확장과 이민족 학살의 잔혹행위를 계속하여 20만 이상의 사망·실종자와 300만 이상의 난민이 발생하였다. 여기에 밀로세비치 대통령이 이끄는 신유고연방 지도부는 1992년 4월 세르비아계 주민보호 명분으로 5만명의 연방군을 보스니아-헤르체고비나에 파병하여 동지역 내전은 "인종청소"라는 양상을 띠게 되었다.

이러한 잔혹한 민족분규에 대하여 미국과 유럽연합 국가들은 신유고연방군의 철수를 요구하고, 유럽연합 12개국 외무장관들은 1992년 5월에 신유고 주재 본국 대사들을 소환하는 동시에 신유고를 유럽안보협력회의(Conference on Security and Cooperation in Europe)로부터 제명할 것이라고 위협하였다. 동지역에 배치된 유엔 평화유지군이 절대 역부족인 상태에서 나토는 세르비아계의 무장해제, 유엔에 의한 경제제재 그리고 구호품 보급로 확보 등 몇 가지의 대안을 논의하였으나, 미국의 입장은 기본적으로 유고 문제는 유럽국가들이 해결해야 하며 군사개입시의 미국의 역할은 공군력과 해군력 제공에 한정된다는 것이었다. 1993년에 들어와서 유엔 안보리는 밴스·오웬 평화안과 경제제재 등의 방안이 실효를 거두지 못함에 따라 보스니아-헤르체고비나 상공의 비행금지를 결정하고, 나토가 이를 실행하기로 결정하였다. 그러나 현재의 상태는 "미국과 유럽의 동맹국들이 명분 없는 수렁에 발을 들여놓기를 꺼리는" 까닭에 군사적 주도권을 갖고 있는 세르비아계가 계속 공세를 유지하고 있는 상황이다.

소말리아사태 역시 지역분규의 한 예이다. 소말리아사태의 발단은 1992년 1월에 20여년간 통치하던 바레정권이 무장봉기로 무너짐에 따라 북부지역이 남부로부터의 독립을 선언하고, 그 이후로 군벌이 서로 투쟁하여 하루에 수천 명씩 사상자가 속출하는 내전 및 무정부 상태로 발전된 것이었다. 상황이 악화됨에 따라 UN은 1992년 8월부터 식량공수를 시작하였고, 미국, 프랑스, 영국이 적극적으로 참가하였다. 그리고 같은 시기에 유엔 안보리는 유엔군 파견도 검토하기 시작하였다. 동년 11월에 이르러 미국은 3만 명 규모의 미군을 파견한다는 방침을 결정하였고 유엔도 한국에 평화유지활동(Peace Keeping Operations) 요원의 파병을 요청하였다. 이러한 평화유지활동 및 평화유지군(Peace Keeping Forces) 파견의 목적은 소말리아의 질서를 유지하고, 군벌들이 약탈하는 구호물자가 난민에게 무사히 도착되게 하는 것이었다.

그러는 가운데 유엔 안보리는 악화되는 소말리아사태의 해결을 위하여 무력사용을 승인하게 되었다. 그러나 군대는 유엔군이 아니라 미국의 제의에 따라 다국적 통합군 형식을 띠었으며, 결국 30여 개의 국가가 미국 주도의 희망회복작전에 참가하게 되었다. 곧이어 유엔이 소말리아 평화 5단계안을 발표함에 따라 소말리아 양대 파벌인 알리 마디프파와 아이디드파는 잠정 휴전에 합의하였다.

1993년 1월에 이르러 다국적군은 모가디슈로 이르는 전략 요충지를 장악하여 식량수송의 정상화를 이루었다. 그러나 1993년 3월에 이르러 유엔은 미국의 요청에 따라 다국적 통합군을 대체할 유엔 평화유지군의 파견을 공식 결정하여 30개국 3만5천 명 규모의 유엔 평화유지군이 형성되었다. 그러나 미군의 작전권이 유엔으로 이관된 뒤 소말리아내전은 다시 확산되기 시작하였고 소말리아의 최대 군벌인 아이디드 측은 유엔 평화유지군을 공격하였다. 유엔도 헬기와 폭격기로 소말리아를 공습하였고 미국은 이에 소말리아로부터의 미군 철수시한이 1994년 3월이라고 발표하였다. 이에 따라 서방국가들도 현재 철군을 검토하고 있는 상황이다.

제11장 미래의 국제안보질서

냉전 이후 시대라고 불리우는 현재의 국제안보구조는 소위 미국에 의한 평화(Pax Americana)로 특징지어지고 있으나 이것은 역사의 진리에 의하여 변화될 것으로 예측되고 있다. 이러한 국제안보구조의 변화시기가 언제인가를 꼬집어 정확히 말할 수는 없으며 강대국간의 세력균형이 어떤 형태로 표출된 것인지를 단언할 수는 없으나, 차세대인 20~30년후의 구조를 구조상의 특징을 중심으로 이론적으로 서술하는 것은 가능하다고 할 수 있다. 그리고 이러한 구조적 특징을 분석해내는 몇 가지의 변수가 있을 수 있으며, 그것은 국제관계의 역사를 통하여 지속적으로 관찰의 대상이 된 군사동맹을 포함하는 외교관계의 변화, 군사력의 변화, 경제능력의 변화 그리고 상기의 세 변수보다는 중요성에서 뒤질 수 있으나 간혹 결정적 순간에 결정적 역할을 하는 정치지도자의 능력과 종교와 언론의 역할 등을 포함하는 국내 여건이라고 할 수 있다.

1. 군사력의 변화 가능성

현재의 세계정치에서의 군사력의 순위는 미국이 단연 1위이며, 러시아가 2위, 그리고 3위권에 속하는 국가가 중국, 일본, 영국, 독일 등이라고 말하고 있다. 사실상 엄격한 군사력의 균형 및 순위는 산정하기 어려우며 또 엄격한 군사력 균형의 산정은 큰 의미가 없다고 말하고 있다. 왜냐하면 일단 전쟁이 나면 장기전일 경우에는 경제력도 산정되어야 하고 군사동맹을 포함하는 외교관계 역시 중요한 고려대상이기 때문이다. 그러나 이러한 모든 제한사항에도 불구하고 미국의 군사력이 미래에도 세계 제1일 것이라는 것은 예측하기 그리 어렵지 않은 일이다.

이러한 관점에서 문제가 되고 있는 국가는 중국이다. 중국의 군사력은 과연 어디까지 발전될 것이며 그 능력은 어떠한가? 중국의 군사력 발전에 대한 고찰에 필요한 것은 중국이라는 국가 자체에 대한 이해이다. 중국은 1839년의 아편전쟁이 발발하기 이전에는 세계 최강의 국가였다. 물론 중국은 3세기에서 6세기 사이에 북방 유목민의 남진으로 인하여 전국토가 유린당하여 중국 자체가 유목민들이 설립한 5호 16국으로 분열되어 있었고, 또 송나라는 주변의 야만국 요와 금에게 조공을 바쳤으며, 몽고민족은 중국에 원나라를 세웠고, 청왕조 역시 만주족에 의한 국가였다. 그러나 비록 이민족이 지배하던 중국이라 할지라도 세계의 대세적 측면에서 볼 경우 전세계에서 가장 강력한 국가임은 부인할 수가 없었으며, 아편전쟁 직전의 청나라도 서양의 무역을 원하는 모든 국가들로부터 조공을 받는 그러한 강국이었다. 그러한 중국이 서구열강에게 아편전쟁을 계기로 반식민지화 되기 시작하여 1919년의 5·4운동을 계기로 중국 공산주의운동을 시작하였던 것이다.

이러한 중국 공산주의의 주체는 중국 본토의 중국인들이었다. 중국 공산주의는 1917년에 공산화된 소련의 도움을 통하여 본격화 되었으나 계속 실패를 거듭한 후 1930년대 초를 전후하여 모택동의 등장으로 도시 산업노동자보다는 농민을 위주로 한 공산주의로 전환되었다. 중·일전쟁 동안 중국 공산당은 소위 제2차 국공합작을 통하여 일본 제국주의를 몰아내는 데 전념하였고 제2차 세계대전 종식후에는 곧 바로 장개석의 국민당군과 투쟁을 계속하여 1949년에 공산주의를 확립하였다. 공산화후의 중국 공산당은 자본주의의 잔재를 척결하고 노동자와 농민을 포함하는 전국민의 평등을 주창하였다. 그러나 이러한 정책은 중국의 경제생산성을 저하시켰고 1958~1960년간의 대약진운동은 실패로 끝나게 되었다. 이에 따라 중국 내부에서 지도자간의 균열이 야기되었고 이는 결국 문화혁명으로 귀결되었다. 1970년대 중반에 이르러 모택동이 사망하였고, 문화혁명과정에서 축출된 등소평을 포함하는 많은 실용주의파들이 1970년대 후반부에 복권되었으며, 이들은 곧 1978년에 4개 현대화 계획을 중국 발전의 기조로 발표하였다. 이들이 이러한 실용적 정책을 표방하게 된 이유는 중국 자체의 국내외적 여건에 비추어 순수한 공산주의에만 의존할 수 없었던 때문이었다. 그 당시의 중국은 대외적으로 중·소분쟁에서 소련으로부터 극심한 위협을 받고 있었으며 소련의 공산주의가 자국의 실리만을 추구하는 수정주의로 투영된 상태에서 미국과의 협력만이 유일한 생존의 방법으로 대두된 것이었다. 결국 그 당시의 중국은 국내적으로 공산주의 이념이 확고한 반면 외부적으로 소련으로부터의 치명적 위협을 받고 있는 상태에서 미국 및 일본의 자본과 기술을 토대로 한 실리적 방편만이 중국의 장래를 보장할 것이라는 결론에 도달하게 되었던 것이다.

중국은 냉전 이후의 현재에도 4개 현대화 계획이 지상목표임을 천명하고 있으며, 결국 이러한 선택은 중국 국내의 생활수준 증진과 더불어 기술 및 군사력의 현대화를 통한 확실한 안보능력의 획득을 그 목적으로 하고 있다고 할 수 있다. 그리고 이러한 확실한 안보능력이 현재의 불확실한 상태를 넘어 어느 시점을 계기로 패권주의로 연결될 것이라는 것은 재론의 여지가 없는 것이다. 중국은 사실상 현재 미국 및 일본과 상당수준의 협력을 교환하고 있으나 이것은 세계의 어느 국가와 마찬가지로 실리를 목적으로 하는 잠재적 방편이며 중국이 서구 국가를 신뢰하지 않는다는 것은 자명한 일이다. 중국이 현재 대외정책의 표어로 내걸고 있는 평화공존 5원칙의 반패권조항이 이를 입증한다고 할 수 있다. 결국 중국은 수천 년간 누려온 자기들의 자존심, 현재의 인구수와 지리적 중심위치로부터 유래하는 정치적 위상, 비록 더 많은 현대화가 필요하나 수백만에 이르는 병력과 상당수준의 핵미사일 능력 그리고 2000년대 전반기에 이르러 달성될 것으로 예상되는 세계 최고 수준의 국민총생산 등 여러가지의 고려사항에 비추어 세계 굴지의 군사강국이 될 것임은 의심할 여지가 없다. 그리고 현재와 같이 미국의 내정간섭에 즉각 반발하는 중국이 군사력 평등과 반패권주의 원칙을 내세워 군사력 증강을 실행할 경우 과연 어느 국가가 반대할 수 있을까라는 의문이 되는 것이다. 결국 중국의 그러한 의지에 미국이 반대하고 미국의 선두를 따르는 러시아와 일본이 이를 반대할 것이나 그 효과는 현재까지의 중국의 역사와 특히 현대사에서의 중국의 대미, 대소, 내일외교에 비추어 제한적일 것이라고밖에는 결론을 내릴 수 없다.

그러면 일본은 어떠한가? 일본은 널리 알려진 바와 같이 현재 막강한 경제능력과 군사력의 기반을 이루고 있는 세계 최첨단 기술을 보유하고 있다. 그리고 세계 최첨단 기술 10개 분야 중 상당 부문에서 일본이 미국을 앞지르고 있다는 평가와 일본의 국내총생산이 미국의 절반에 이르며, 또 일본이 연간 1000억 불 이상의 흑자국이라는 사실이 일본의 군사대국화 문제를 제기시키고 있다. 더군다나 미국은 대일 무역적자가 수백억 불에 이르며, 비록 미국이 정치적 방법으로 본시장에의 침투를 가속화시키고 있으나 이러한 처방은 한계가 있을 수 있다는 견해 역시 그러한 문제제기의 배경이 되고 있다.

그러나 사실상 일본의 군사력 증강과 관련된 사항은 일본의 경제능력만이 아니다. 실제로 일본의 기술·경제능력이 최고의 수준인 것은 누구도 부정하지 않는다. 그리고 비록 미국이 일본으로부터의 무역적자를 해소하려 한다 하여도 그 노력에 한계가 있을 수 있다는 것도 부정하지 않는다. 그러나 일본이 현재 미국이 전세계에 성립시킨 정치·군사적 족쇄를 일순간에 뒤집을 수 있으리라고는 기대할 수 없다. 특히 일본이 미국을 위협하는 수준으로의 군사력 증강을 시도할 경우 미국이 절대로 그것을 좌시하지 않으리라는 것은 자명한 일이다. 일본의 본격적 군사증강에 가장 먼저 필요한 것은 미·일동맹의 파기이다. 그러나 불균형적 군사동맹의 파기는 어떠한 형태로든 그 대가를 지불하게 되어 있으며 그 대가가 과연 수용가능한 수준인가 하는 것은 아무도 장담할 수 없는 일이다. 그리고 또 일본이 과연 현재와 같은 핵 과잉 살상의 상태에서 군사증강의 길을 택하여 무슨 이득을 얻을 것인가도 의문이다. 일본과 같은 섬나라가 과연 군사증강을 통하여 19세기 영국과 같은 세계 제패가 가능할까? 그 당시의 영국의 세계 제패와 같은 헤게모니가 21세기를 바라보는 현재와 같은 상태에서 기술적 측면이나 세계 윤리규범상 불가능하다는 것은 거의 확실하다고 할 수 있다.

더군다나 일본이 그러한 강경정책을 택할 경우 러시아와 중국을 포함하는 주변국가의 반응은 일본에게는 더욱 우려되는 일이라 아니할 수 없다.

일본이 국제관계의 역사에 해박하다면 제1차 세계대전이 티르피츠 계획(Tirpitz Plan)을 중심으로 한 독일의 해군력 증강을 계기로 시작되었으며, 그로 인하여 영국과 독일 모두 참담한 결과를 맞이하여 결국은 세계의 패권이 영국도 독일도 아닌 미국과 소련으로 넘어갔다는 사실을 잊지 않고 있을 것이다.

그러면 러시아를 포함하는 기타 국가의 군사력 증강은 어떠할 것인가?

러시아는 적어도 향후 20년은 국내정치제도의 확립과 공산주의 경제의 자본주의 경제화에 치중하여야 할 것이다. 러시아는 이미 자국 방어에 충분한 세계 2위의 군사력을 보유하고 있는 이외에도 구소련이 미국에 견줄만한 군사능력에도 불구하고 탈냉전을 택하여야 했던 교훈을 잘 알고 있으며 군사력 하나만이 안보의 척도가 아니라는 사실을 확실히 인지하고 있을 것이다. 특히 러시아의 군수산업의 민수로의 전환과 그 과정에서 초래되는 경제생산성 및 사회구조변화에 대한 대응은 러시아가 당분간 국제정치에서의 패권이나 더이상의 군사력 증강은 추구하지 않을 것으로 예측하게 하고 있다. 독일이나 프랑스 그리고 영국 등의 3위권 군사세력도 특별한 이변이 없는 한 군사를 수단으로 하여 세계패권을 추구하는 우는 범하지 않을 것으로 추측되며, 서유럽 국가들의 서유럽 동맹의 군사기구로서의 역할 역시 제한적일 것으로 보인다.

2. 경제력의 변화 가능성

그러면 미래의 세계 강대국들간의 정치적 위상과 군사적 균형의 기반이 되는 경제력 균형은 어떻게 변화될 것인가? 이것을 논하는 데 있어서 가장 먼저 선행되어야 할 것은 무엇보다도 미국이 과연 그 천문학적 정부재정적자와 쉽사리 줄지 않는 국제무역수지적자를 축소시킬 수 있는가 하는 것이다.

미국의 정부재정적자와 국제무역수지적자는 이미 설명된 바와 같이 과거 소련과의 군비경쟁, 사회복지제도의 확대 그리고 국내기업의 생산성 저하에 원인이 있다. 그러나 미국은 역시 이미 언급된 바와 같이 냉전 이후의 시대에 들어와 자국의 경제력 회복을 국가전략의 중요한 한 가지 핵심으로 인식하고 있다. 그리고 그 구체적 수단은 국내경제의 정상화와 국제통상의 확대로 가시화되고 있다.

이러한 미국의 노력은 상당한 실효를 거둘 수 있을 것으로 예측된다. 왜냐하면 미국은 정부재정적자와 무역수지적자의 축소를 위한 모든 가능한 방법을 동원하고 있으며, 대외적으로 미국의 이러한 시도에 반대할 수 있는 국가나 국가군은 없기 때문이다. 예를 들어 미국의 국민은 정부재정적자 축소의 필요성에 대부분 모두 동의하고 있으며, 일본은 미국의 무역불균형 시정 요구에 어쩔 수 없이 동의하는 상태에 있고, 중국 역시 미국 위주의 세계 경제권에 상당히 귀속되어 가고 있으며, 러시아와 동구 제국은 미국과의 경제협력을 희망하고 있다는 것이다. 비록 서유럽국가들의 유럽연합(European Union)이 폐쇄적 경제정책을 취하는 듯한 태도를 유지하고 있으나 이들 역시 미국의 정치·군사적 압력을 통한 개방요구에 무조건적으로 반대할 수는 없으며 또한 그럴 필요도 없다. 그것은 서유럽국가 역시 미국의 시장개방과 미국과의 경제교류를 필요로 하기 때문이다. 사실상 미국의 이러한 정책과 그 예상되는 상대 경쟁국의 대응은 결과적으로 미국의 활동영역이 확대된 세계경제의 심화로 귀결될 것으로 보인다.

그러면 누구나 우려하는 일본의 경제력은 과연 어떻게 될까? 일본의 경제력이 세계 최고의 수준에 이르리라는 것은 사실 거의 기정사실화 되어 있다. 일본은 자국의 생산력 제고에 따른 엔고의 현상을 감안할 경우 이미 현재에 미국 GNP의 3/5에 이르는 막강한 능력을 갖고 있으며, 이미 수차례 강조되었듯이 과학기술 수준은 세계 최첨단이다. 일본은 미국과 기술전쟁을 계속하고 있으며 특히 일본의 과학기술 투자는 미국을 능가하고 있다. 일본의 경제가 이렇게 번창하게 된 이유는 사실 그리 복잡하지 않다. 일본은 익히 알려진 바와 같이 19세기 중반에 미국에게 강제 문호개방을 당하기전에는 그 기술수준이나 경제능력이 별로 강하지 못했다. 그러나 소위 신제국주의의 국제환경속에서 일본은 국가생존의 위기에 봉착하였고 이 상황에서 일본이 택한 정책은 부국강병이었다. 명치천황의 상징적 통치하의 부국강병의 실질적 주역은 이노우에 가오루를 포함하는 일본의 신진 군인계급이었으며, 이들은 최단 기간에 일본에 신식군대와 군사력의 근간이 되는 중화학 공업을 도입하였고, 약육강식이 노골화된 국제환경속에서 강성해진 군사, 산업능력을 토대로 주변국의 침략을 통한 경제수탈을 강행하였다. 이러한 제국주의적 경제수탈에서 축적된 자본은 다시 군사와 산업으로 재투자되었고 이것은 다시 일본제국 팽창에 공헌하는 순환을 계속하였던 것이다. 사실 일본은 이 당시에도 세계 강대국의 대열에 낄 수 없었다. 그러나 1905년의 노일전쟁을 계기로 일본은 서구 열강으로부터 강대국 대열에 속하는 권리를 인정받았으며 그 이후로 가츠라-태프트 밀약, 그리고 한국, 대만, 동남 아시아 및 중국을 포함하는 대동아 공영권의 주창을 통하여 제국주의적 팽창을 계속하였다. 이 기간 동안의 일본의 군사와 중화학산업에 대한 투자 그리고 이와 병행된 제국주의적 수탈은 현재의 일본의 막강한 기술, 경제능력의 근간이 되었다. 일본이 미국을 상대로 태평양전쟁을 벌인 주역이라는 사실이 일본의 저력을 말해주고 있다.

제2차 세계대전 이후에 일본은 패전국인 까닭에 미국의 일본 군산복합체 해체와 재벌 해체라는 커다란 불이익을 감수해야 했으나 중국 공산화를 계기로 이러한 정책은 재조정되었으며, 한국전쟁에서의 일본의 미국군사 및 군수기지 역할은 일본의 자본축적에 큰 기여를 하였다. 일본은 미·일동맹으로 인하여 군사증강을 할 수 없었고 이 상황에서의 최선의 전략으로 전수방위라는 방어적 안보정책과 경제성장 위주라는 실리·현실적 정책을 택하였던 것이다. 미·소간의 첨예한 대립의 상황에서 그리고 미국의 통제를 받는 상황에서 일본이 택한 실리는 경제능력을 증강시키고 국제안보구조가 바뀔 때까지 기다린다는 것이었다. 이러한 현실주의적 판단과 과거 100여년간에 걸친 노력이 현재의 일본 경제능력의 배경이었으며 현재 미국에서의 수많은 부동산 및 기업인수 그리고 남미와 동남아에서의 기업확장 등의 일본 경제팽창의 원동력이었다.

이러한 일본의 경제능력은 일본국민의 직업윤리에서 유래되는 우수한 품질의 생산과 비록 서구민주주의를 채택하고 있다고는 하나 정치적 외형과 다른 일본 국민 특유의 민족주의에서 그 근본을 찾을 수 있다. 일본 국민은 미국이 관세장벽을 넘기 위하여 창안한 다국적 기업에도 불구하고 일본 제품을 선호한다는 사실이 일본의 문화가 창출해낸 결과라고 할 수 있으며, 일본기업 역시 서구 민주주의적 정치문화에도 불구하고 독특한 위계질서를 추구하고 있다는 사실이 일본의 고유성을 입증하고 있다.

이러한 일본인 까닭에 그 경제능력은 앞으로 더욱 발전될 것으로 예측된다. 특히 소비를 어느 정도 장려하는 미국과 달리 저축률도 높고 개인의 탐욕보다는 국가전체의 이익을 그리고 그 이익의 분배에 비교적 공정한 일본이기 때문에 경제성장의 속도와 규모확대는 더욱 가속화될 것으로 보인다. 비록 미국이 일본시장내로의 침투를 강제적 방법으로 가속화시키고 있으나 일본 국민 전체를 세뇌시키는 것은 어려울 것으로 보인다.

일본은 그 막강한 산업능력에도 불구하고 생산성이 계속 증가되고 있으며 2차산업의 발전은 계속되고 있다. 사실상 역사적 측면에서 볼 때, 2차산업 발전은 한계가 있으며 그 이후로는 3차산업으로 치중하게 되는 것이 상례이다. 그러한 예로 17세기 전반기의 네델란드와 19세기의 영국 그리고 현재의 미국을 들 수 있다. 아직 일본의 2차산업 발전이 끝나지 않았는지는 확실치 않으나 일본이 3차산업 발전과 더불어 아직도 2차산업에 쏟는 노력은 대단하다고 할 수 있다.

일본이 이러한 전력투구로 과연 미국을 능가할지는 미·일 경제관계에 대한 더 오랜 관찰을 요한다. 왜냐하면 미·일 경제관계의 냉전 이후 시대로의 진입은 이제 그 시작이기 때문이다. 그러나 그 일반적 추세로 볼 때, 일본이 미국의 저지노력에도 불구하고 최상위 국가가 될 가능성은 배제할 수 없다.

그러면 중국의 경제발전에 관한 미래상은 무엇인가? 이미 지적된 바와 같이 중국은 1978년 이후로 4개 현대화 계획에 전력을 다하고 있으며 이러한 정책이 계속되리라는 것은 자명한 이치이다. 왜냐하면 중국만이 미국과 일본에게 뒤지는 국가가 되기는 원치 않기 때문이다. 결국 러시아도 최소한 중국보다는 군사력에서 월등히 앞서고 있지 않는가?

중국의 미래 경제능력의 재원은 11억이라는 그 막대한 인구수에서 유래한다. 맑시스트 이론이 처음부터 강조했듯이 노동이 부의 근본이라는 견해가 어느 정도의 일리를 갖고 있다면 이러한 측면에서 중국의 잠재력이 세계 최고라는 것은 두말할 필요가 없다. 농업생산성 역시 4개 현대화 계획의 일환으로 중국은 상당 수준에 도달하였으며, 영국의 산업혁명에서의 경우와 같이 중국의 농업지역 역시 공산품 소비에 일익을 담당할 것으로 예측되고 있다. 중국의 상업의 경우는 비록 서구와 같이 활발하지는 않으나 그래도 사회주의 체제내에서의 시장경제 확립이라는 새로운 기치로 상당 수준 제도화 되어가고 있다. 사실상 중국의 상업은 역사적으로 볼 때 매우 발전된 상태에 있었으며 중국의 시장경제구조는 세계의 어느 곳보다 더 발달되어 있었다. 다만 그것이 산업혁명으로 연결되지 못했던 이유는 중국에 기계 사용의 필요가 없을 만큼의 많은 노동력과 중국인의 이데올로기가 상업을 덜 중요시 하였다는 데에 있었다. 사실 서양의 중국 역사학자들은 중국의 정치제도와 문화형태가 중국의 산업발전을 저해시켰으며, 특히 청나라 시기의 경제사학자들은 중국이 서구 열강에게 정복당한 이유는 중국이 진정한 서구식 개혁보다는 "사상적으로는 중국식, 그리고 현실에 필요한 기술은 서양식" 이라는 2중 구조에 있었다고 분석하고 있다. 이러한 의미에서 현재 중국이 진행시키고 있는 사회주의 사상과 서구식 시장경제의 접합이 얼마나 효과적인지는 의문이라고 할 수 있다. 그러나 그 수준이 대단하리라는 것을 부정하는 사람은 없다. 다만 그 정도의 차이가 논란의 대상이 될 뿐이다.

중국의 공업은 아직은 중화학보다는 경공업이 노동집약적이라는 이유로 유리한 상태에 있으나 중국 동남부 해안을 따라 개발된 경제특구의 외국인 투자를 통한 기술이전과 그로 인한 효과는 20~30년내에 가시화 될 것으로 예측되고 있다. 중국으로서는 어쩔수 없이 현재 외국의 기술에 의한 발전을 할 수밖에 없는 상황이며 로얄티와 면세라는 어쩔수 없는 대가를 지불한 후에는 커다란 순이익을 남길 것에 틀림없다. 경공업 분야에서 남긴 수백억불의 이득과 농업생산성에서 유래된 이익이 중공업 분야로 이전되는 경제발전의 과정을 벗어난 국가는 존재하지 않는다는 사실이 중국의 미래 경제상을 확실하게 하여 주고 있다. 이와 함께 중국의 재무구조가 아직은 서방국가, 특히 일본에 의지하고 있는 상태이나 이 또한 시간이 경과함으로써 호전될 수 있는 문제이다. 다만 중국은 과거 서양 제국주의나 일본 제국과 같은 군사력을 이용한 수탈이 가능하였던 시기의 혜택은 볼 수 없을 뿐이나 이것은 어쩔 수 없는 일이라 하겠다.

중국의 과학기술 역시 서구 국가와 일본으로부터의 부단한 기술수입, 그리고 11억의 인구에서 도출되는 기발한 착상을 발전시켜 나감으로써 가능할 것이다. 이미 강조된 바와 같이, 기술이전에 필요한 경비지출은 필수불가결한 것이며 이러한 비용은 중국의 농업과 경공업에서 충당될 것이다. 결국 중국은 20~30년후에는 적어도 GNP상으로는 세계 제1의 수준에 육박할 것이라는 것이 경제전문가들의 진단이다. 그 기술 수준이 비록 미국이나 일본에 미치지 못한다 하더라도 적어도 그 규모와 영향력의 범위는 세계 상위권에 속할 것이며 특히 경제력의 군사 분야로의 이전은 괄목할 만한 것으로 추측되고 있다.

그러면 러시아나 독일 등의 국가의 경제력은 어떻게 될 것인가? 러시아는 최첨단 고급 군사기술을 보유하고 있으며 그것의 민간기술로의 전환은 일정한 시간이 걸릴 것으로 여겨진다. 특히 군사기술의 민수전환이 군 위주로 존속되어온 러시아 사회구조를 붕괴시킬 수 있다는 우려가 나오는 상황에서는 더욱 그렇다고 할 수 있다.

사실상 러시아는 역사적으로 서구 유럽과는 모든 측면에서 항상 달랐다. 러시아의 정체는 짜르체제와 소련공산체제가 증명하듯 항상 절대주의적 하향식이었으며 상업이 발전되었던 경우가 거의 없는 것이 사실이다. 농장도 집단농장이었으며 비록 공업 및 기술이 스탈린 시대 이후로 급격히 발전하였으나 비교적 세계경제에서 격리되어 있던 이유로 상업성을 가진 것은 별로 없었다. 현재의 옐친정권은 세계은행과 국제통화기금 가입을 통하여, 그리고 미국 및 서구 유럽국가와 일본, 또 한국과의 경제협력을 통하여 민간경제를 건설한다는 계획을 추진중에 있으나 이러한 노력이 역사·문화적 배경을 뛰어 넘어 일순간에 결실을 거둘 수 있는 것은 아니다. 러시아는 현재 자본주의체제로의 전환에서 생산성이 낮은 수많은 기업의 도산과 인플레이션을 겪고 있으며 경화부족이라는 재무구조의 악화에서 벗어나지 못하고 있다. 교통이라는 사회간접자본 역시 매우 초보적인 상태에 있으며 서방 선진국 및 한국이 커다란 투자가치를 느끼지 못하고 있다. 러시아가 이러한 전반적인 침체에서 벗어나고 자본주의라는 새경제 이념을 확립시켜 세계 굴지의 국가로 등장하는 데는 오랜 시간이 걸릴 것으로 예측되고 있다.

독일 및 프랑스 그리고 영국과 같은 기타 산업 강국도 자기들의 수준에 맞는 경제성장을 계속할 것이나 이들은 이미 사실상 매우 발전된 국가이고 그 수준 유지가 최대 목표일 것으로 전망된다. 이들 서구 유럽국가들의 유럽연합으로의 통합은 이미 언급된 바와 같이 단일 통화 사용과 관세장벽 철폐 그리고 그 이상의 조치를 목표로 하고 있으나 그 구성국간의 현재와 미래의 갈등은 계속될 것으로 예측된다. 왜냐하면 그러한 지역경제기구의 창설 자체가 자국의 이익을 위한 조치이며 이미 영국 및 기타 생산성이 낮은 국가들이 독일의 유럽연합 경제장악 우려의 목소리를 높인 바 있기 때문이다.

3. 외교관계의 변화 가능성

그러면 이미 설명된 군사·경제적 변화 가능성과 현재의 외교관계를 감안하여 상정할 수 있는 미래의 강대국들간의 외교관계의 변화 가능성은 무엇인가? 우선 20~30년후 미래의 강대국들의 정치적 위상은 미국이 현재의 외교적 우위와 군사·경제적 강세를 지속하여 세계 제1의 위상을 유지할 것으로 보이며, 중국이 군사·경제적 이유로 2위의 국가로 부상하고, 러시아, 일본, 독일 등이 제3위권의 국가로 역할할 것으로 예측된다. 이러한 정치적 위상은 외교, 군사, 경제라는 세 가지 변수의 복합적 합산의 결과라고 할 수 있다. 여기서 문제가 되는 것은 이러한 국가군이 군사동맹을 포함하여 어떠한 강대국 세력구조(great power configuration)를 형성할 것인가 하는 것이다.

현재의 국제외교관계는 대부분의 전세계 강대국이 미국에 협력하는 양상을 띠고 있다. 그 이유는 주지하다시피 자의반 타의반의 결과라고 할 수 있다. 그러나 이러한 외교관계는 이미 역사의 진리를 통하여 밝혀진 대로 변하여 왔고 또 변해가고 있다.

그러한 의미에서 미래의 강대국 외교관계의 변화 가능성은 기본적으로 미국과 중국의 관계에 달려 있는 듯이 보인다. 그 이유는 중국이 현재의 미국의 패권을 가장 반대하고 있으며 미래에도 가장 심각하게 견제할 것이라는 전망 때문이다. 중국이 현재 미국에 반대하며 미래에도 반대할 것이라는 것은 어쩌면 당연한 일인지 모른다. 왜냐하면 국제체제속의 모든 국가는 세계의 국제정치 역사가 증명하듯 속성상 구조적 패권경쟁(built-in structure for hegemonic competition)을 하게 되어 있으며 그러한 투쟁은 일반적으로 비슷한 세력을 갖고 있는 국가끼리 진행되기 때문이다.

그러면 미국과 중국이 경쟁하고 견제하는 상황에서 러시아, 일본, 그리고 영국, 독일, 프랑스 등의 국가의 입장은 무엇일까? 먼저 러시아는 미국의 편에 설 것으로 예측된다. 왜냐하면 미·러관계가 중·러관계보다는 더 밀접할 것이기 때문이다.

현재의 미·러관계는 러시아가 미국의 보조적 동반자로 역할하고 있는 실정이며 이러한 관계는 러시아 내정의 특별한 변화가 없는 한 상당기간 지속될 것으로 전망되고 있다. 그 이유는 러시아는 이미 서구 민주주의와 시장경제를 추구하고 있으며 또 국제적으로도 러시아가 미국의 협력을 배제하고 그 위상을 높이기가 쉽지 않은 상태에 있기 때문이다. 다시 말하여, 러시아는 국제무대에서의 위상 및 경제문제 해결을 위하여 미국을 필요로 하고 있으며 특히 미국의 재정 및 기술지원이 러시아 개혁의 성패에 절대적 관건이라는 말이다.

물론 중·러관계 역시 상당히 우호적이다. 중국과 러시아의 친밀한 관계는 1989년의 중·소관계 정상화 이후 계속 양호하게 발전해 왔다. 그 당시의 소련과 중국은 이념분쟁, 군사동맹 그리고 내정간섭을 지양한다고 합의한 바 있으며 그후로 양국의 국가지도자들은 교환방문의 빈도를 증가시켰다. 더 나아가 상호 군사교류 증진 및 국경선에서의 군비통제 합의에 따른 군사감축이 실시되었고, 무역, 과학, 기술, 교육, 문화교류 역시 증가하였다. 1990년 4월에는 중소 외무장관은 최저 수준의 군사력 감축에 합의하였고, 동년 6월에는 정기적 군사교류, 특히 군사기술 교환에 합의하여 고지대 병력수송 헬리콥터와 수호이 27(SU-27) 전투기 판매에도 합의하였다. 현재의 중·러관계도 과거 구소련과 중국의 관계와 마찬가지로 서로 우호적이다.

그러나 미·러관계와 중·러관계를 비교해 볼 때 일단 미국과 중국의 갈등이 가시화되면 러시아는 미국쪽으로 편향될 가능성이 크다고 할 수 있다. 그 이유는 한편으로는 중국의 패권은 미국보다는 중국에 인접하여 있는 러시아에게 더 큰 위협이 될 것이며, 다른 한편으로는 러시아에 필요한 지원이 주로 미국으로부터 유래하기 때문이다. 이러한 견해는 호혜적 중·러관계에도 불구하고 정당화될 것이며 그 이유는 또다시 되풀이 하지만 국가는 역사가 증명하듯 힘과 이익의 추구라는 국가의 이성(reason of the state)에 따라 행동하기 때문이다. 이러한 논리적 가정을 뒷받침하는 흥미있는 근거로 현재 미국과 러시아가 과거의 적대관계를 완전히 청산하고 합동 군사훈련까지 실시하고 있다는 사실을 들 수 있으며, 미래의 유사시에 이러한 군사관계는 동맹으로까지 발전할 수 있을는지도 모른다.

그러면 미국과 중국의 패권 경쟁시의 일본의 입장은 무엇일까? 일본은 현재 자국내의 미·일 안보조약 폐기의 부분적 여론에도 불구하고 적어도 정부의 공식적 입장은 미국과의 동맹관계를 계속한다는 것이며 그러한 정책은 상당기간 계속될 것으로 보인다. 왜냐하면 이미 지적되었듯이 국가의 동맹은 불균형적 세력관계에서 진행될 경우 상대적 우위를 지닌 측의 강요가 따르는 것이 상례이기 때문이다. 그리고 현재 일본의 입장에서도 중국이라는 사회주의 국가가 존재하고 아직은 그 향방이 불확실한 러시아의 극동 군사력이 건재하며 일본의 군사증강이 미국의 통제를 받고 있는 상황에서의 미·일동맹의 파기는 비합리적이기 때문이다. 따라서 일본은 미·중의 갈등시에 미국편에 설 것이라는 것이다.

그러면 미래의 국제안보구조에 있어서 미·중의 갈등 이외에 또 다른 갈등 요소가 있는가? 미·러의 분쟁은 러시아의 국내사정에 비추어 현재로서는 가능성이 적으며, 미·일의 알력은 정치적 수준보다는 정책적 차원에 초점이 맞춰질 가능성이 크다. 미국과 서유럽국가와의 관계는 더욱 그러하다.

러시아와 중국의 분쟁 가능성도 현재로서는 모호하며, 다만 러시아와 일본의 북방 영토문제 그리고 중국과 일본의 조어대 및 남사군도 분쟁이 미해결로 남아 있다. 그러면 이 두 가지 분쟁이 미국과 중국의 패권다툼보다 더 큰 중요성을 가지고 미래의 국제안보상의 최고 중요사항으로 등장할 것인가? 그것은 누구도 단언할 수 없으며, 또 그러한 가능성을 완전히 배제할 수 없으나 그러한 가능성은 비교적 적다고 할 수 있다. 왜냐하면 세계 정치의 생산자 역할을 하는 강대국의 가장 큰 관심사와 국제정치의 주된 역사는 세계 패권을 놓고 벌어지기 때문이다.

미래의 강대 세력간의 외교관계에 대한 이러한 예측과 전망이 미래의 강대국 세력구조가 아직 우리의 기억속에 가까운 제1차 세계대전 당시의 역학과 비슷할 것이라는 것은 흥미있는 일이다. 다시 말하여, 제1차 세계대전에서 세계 최강의 세력이었던 영국이 제3위 세력인 러시아와의 군사동맹을 통하여 제2의 세력인 독일을 견제하였듯이, 미래의 국제안보구조가 제1의 세력인 미국이 제3의 세력인 러시아, 일본 그리고 서유럽 국가들을 동원하여 중국을 견제할 것이라는 전망은 역사의 어떤 한 단면을 보여주고 있다고 할 수 있다.

제2부

국제정치의 원리

제1장 제국 흥망성쇠의 원리

상술한 서양 근·현대 국제체제의 진화과정은 국제정치의 기본 원리에 관한 일반화를 가능케 한다. 무엇보다도 가장 특징적인 것은 제국의 흥망성쇠라고 할 수 있다. 서양제국의 흥망성쇠는 15세기의 이태리 도시국가로부터 시작되어, 16세기의 스페인, 17세기의 화란, 영국, 프랑스, 18세기의 러시아, 프러시아, 오스트리아, 19세기의 영국, 20세기의 미국과 소련, 그리고 냉전 이후 시대의 미국으로 이어지고 있다. 그리고 20~30년후의 가시적 미래에는 아직 전망이기는 하나 미국의 강세와 중국의 부상이 점쳐지고 있다.

이러한 사실은 미국의 위상유지 전망에도 불구하고 인류 역사에서의 영원한 승자는 없다는 것을 입증하고 있다. 이미 설명된 대로 서양 근대 초기의 국제정치의 주행위자는 15세기 이태리의 도시국가였다. 이들 도시국가들은 서로 상이한 국내정치체제와 군사형태 그리고 불균형적 경제능력을 갖고 각자에게 유리한 세력균형을 창출하기 위한 모든 방법을 동원하였다. 그 방법은 군사동맹을 추구하는 기술적 외교, 군사력 증강, 정치·군사블럭 형성, 국제안보회의의 개최, 이태리 외부국가와의 협조 등을 포함하고 있었다.

그러나 15세기 이태리의 화려하고 복잡했던 국제관계의 역학은 16세기 스페인의 등장으로 인하여 그 당시 유럽의 역사속에서 잊혀졌다. 16세기의 유럽 국제정치의 대표적 양상은 스페인의 등장과 그 제국주의적 팽창이었다. 사실상 16세기의 스페인은 제국을 형성하였다. 유럽에서의 패권지향적 행위, 남미와 북미지역 그리고 필리핀을 포함하는 동양으로의 제국주의적 팽창과 원료 및 노동력 착취 그리고 그에 따른 경제번영이 제국의 면모를 대표하였다. 다만 스페인의 한계를 벗어난 과도팽창과 수많은 전쟁수행 그리고 그로 인해 초래된 국고의 고갈이 아니었다면 스페인은 더 오래동안 제국으로서의 영화를 누릴 수 있었을는지 모른다. 이러한 스페인의 눈부신 팽창도 그 빛을 잃고 17세기 초에 이르면 유럽의 대표적 국제정치의 양상은 화란의 부상과 진출로 특징지어졌다. 화란은 내란을 겪고 있는 영국을 젖히고 동·서인도제도와 동아시아로 진출하여 서양 국제정치와 국제무역 및 금융의 중심지로 등장하였다. 그러나 화란의 이러한 대외팽창도 17세기 중반에 이르면 강력한 해군력을 보유한 영국에 의해 저지당했고 유럽의 세력판도는 영국과 다시 새로 부상하는 프랑스와의 패권 다툼이 그 대표적 양상이 되었다.

영국과 프랑스가 패권을 겨루는 가운데 18세기가 되어 러시아, 프러시아, 오스트리아가 유럽 국제정치체제의 새로운 강력한 행위자로 등장하였고 유럽의 국제정치는 이들 세 국가의 행위와 관계,

그리고 그로부터 유래한 분쟁들이 중심 이슈가 되었다.

곧이은 프랑스혁명과 그 반작용으로서의 비인체제를 시발점으로 하는 19세기는 가히 영국의 시대였다고 해도 과언이 아니었다. 프랑스, 러시아, 독일 그리고 오스트리아를 포함하는 유럽의 많은 크고 작은 국가들이 모두 일정 수준의 영향력과 행동영역을 보유하고 있었으나, 그 어느 것도 영국의 방대한 공식·비공식 제국과는 비교될 바가 아니었다. 영국이 영국 주도의 평화(Pax Britannica)를 형성하였다는 것은 부정할 수 없는 사실이었다.

그러나 이러한 영국의 환상적 명예와 실리도 독일과의 제1차 세계대전으로 크게 손상을 입었으며 연이은 제2차 세계대전으로 그 막을 내렸다. 그리고 이러한 국제경쟁은 미국과 소련의 패권경쟁인 냉전으로 이어졌으며 이 경쟁에서 미국은 위대한 승리를 거두었다. 현재 미국은 세계의 패권을 잡고 있으며 이러한 미국의 세력은 향후 20~30년간 동안은 유지될 것으로 보인다. 그러나 이러한 미국의 영향력도 영원하지 않을 것이라는 것은 서양의 국제정치 역사에 비추어 어느 정도 신빙성을 가지고 예측할 수 있다. 다만 그 시기와 절차를 확실히 알 수 없을 뿐이다.

이러한 제국의 흥망성쇠는 여러가지 요인에 의거하고 있다. 근·현대 서양제국의 형성은 국가의 군사동맹 위주의 외교, 군사력 그리고 경제력을 바탕으로 하는 대외 영향력 확장의 결과였다. 국가이건 제국이건 어느 작은 정치조직체로부터 더 큰 것으로 진화하는 과정은 상대방의 자진적 합의보다는 교묘한 외교기술이나 군사적 강압이라는 제국주의적 방법의 동원을 수반하였다. 멀리는 로마제국의 초창기 원시세력도 로마의 작은 정복군이었다.[1] 마찬

---

1) Clarence Crance Brinton, *From Many One*, Cambridge: Harvard

가지로 중세 유럽에서의 절대국가의 성장 역시 제국주의적 방법을 통해서였다. 헤아릴 수 없이 많은 정치개체로 분리되어 있던 중세 유럽에서 단지 몇 개의 국가만이 마지막 승자로 살아 남았으며 그들은 모두 군사정복과 경제수탈을 가능케 한 교묘한 외교기술과 강력한 군사력을 보유하고 있었다.2)

10세기의 카펫왕조(Capetian Kings)로부터 유래한 프랑스는 노르만디(Normandy), 브리타니(Brittany), 플란더스(Flanders), 랑그독(Languedoc) 그리고 도핀(Dauphine) 등과의 합의 없는 군사정복을 포함하는 제국주의의 현실적 계산에 의해 성장하였다. 알사스(Alsace)가 프랑스에 귀속된 것 역시 프랑스 관료, 특히 변호사들의 법적 기술의 결과였으며, 로레인(Lorraine) 합병도 1733~1735년의 폴란드 계승전쟁의 부산물이었다. 봉건적 이합집산에서 탄생한 근대 프랑스는 우리가 흔히 생각하는 동의나 합의가 아니라 사실상은 폭력, 속임수 그리고 약간의 운좋은 혼인정책에 의해 출발한 것이었다. 노르만(Normans)의 침입 이후로 효율적인 민족단합을 이룩한 웨섹스 가문(House of Wessex)으로부터 출발한 영국(England) 역시 외교적 기술과 군사정복의 산물이었다. 독일 역시 국가생성의 과정은 크게 다르지 않았다. 극심한 봉건적 혼란에서 시작한 독일은 샤를마뉴(Charlemagne) 이후로 독일인의 신성로마제국이라는 칭호에 의해 대표된 다소 피상적이며 가식적인 단합을 기초로 그 기틀을 마련하였던 것이다. 스위스와 벨기에 역시 마찬가지로 강압이나 외교적 기술에 의해 성립되었다.3)

그렇게 출발한 근대 서양국가들의 그 이후의 경쟁 역시 마찬가

University Press, 1948, p.23.

2) Ibid., p.49.

3) Ibid., p.23, 50-54, 62-63.

지의 군사팽창, 국가기구와 군사능력 증진을 위한 세금징수 그리고 군사동맹이라는 기본적 방법에 의존하였다. 근·현대의 모든 서양국가 팽창은 군사동맹을 추구하고 국가의 이익을 극대화시키는 기술적 외교, 군사력, 그리고 그의 밑받침이 된 경제력이라는 기본적 틀에 그 기반을 두고 있었다.

그러나 이렇게 팽창하는 제국들은 일정한 시점에서 축소되기 시작하였고 그 원인은 여러가지의 요소에 기인하고 있었다. 그러한 요인은 일반적으로 말하여 군사동맹의 변질을 막지 못한 외교, 한계를 벗어난 군사팽창, 군사력의 부재, 관료제를 포함하는 정치지도층의 부패, 경제정책의 실패와 생산성의 하락, 사치를 추구하는 소비수준 등이었다. 이러한 여러가지 요인이 복합적으로 작용하여 한 국가나 제국이 쇠퇴하는 동안 주변의 경쟁하는 국가는 팽창의 원리로 홍기하였고 결국 한 국가나 제국은 홍망성쇠를 경험하였던 것이다.

사실 이러한 국가홍망성쇠의 과정과 원칙은 서양에서뿐 아니라 동양에서도 그대로 적용되었다. 중국의 경쟁하던 왕조들과 중국을 통치하였던 중국 북방의 유목민족들은 자기들의 정치적 목적을 군사정복, 경제수탈 그리고 군사동맹을 위주로 하는 외교능력을 통하여 확보하였다. 그 경쟁하는 국가들은 군사력이 허용하는 한 멀리 팽창하였으며 정복된 지역으로부터 군사충원과 세금부과라는 형태로 모든 인적·물적 자원을 수탈하였다. 군사동맹은 공통의 이익을 위하여 체결되었으며 그 이익의 대가가 군사동맹의 가치보다 작았을 때 자동적으로 소멸되었다. 그러한 순환과정이 제국의 형성으로 귀결된 국가팽창의 원리였다. 그러나 그러한 대외팽창은 무한정 지속될 수 없었으며 그 이유는 효율적 통치는 일정한 범위의 지역내에서만 가능했기 때문이었다. 대외팽창은 더 이상의 팽창이 국가에 대한 전반적인 이익의 감소를 초래하는 시점에서 중단되었고 능력 이상으로 팽창했던 국가는 몽고민족의 원제국과 같이 파멸을 면치 못했다.

반면에 어느 한 국가나 제국이 팽창을 중단하였을 때 그들은 국내적으로 편안한 생활을 추구하는 귀족주의를 즐기고 귀족과 대중 모두가 문화적 향락에 빠져들어 결국은 국가의 쇠퇴나 쇠망을 경험하였다. 그러는 사이에 국내의 소수민족이나 주위의 야만족은 효율적 정치와 군사조직 그리고 군사동맹을 통하여 세력을 확장하였으며 결국은 이미 정치, 군사, 경제능력을 상실한 원래의 패권세력을 타도하였다.

동·서양을 막론하고 국가의 경쟁을 지배하는 가장 중요한 원칙은 세력균형이었다. 기본적으로 세계의 모든 경쟁국들은 자기들의 힘과 이익을 극대화시키기 위하여 군사외교, 군사력 그리고 경제력을 이용하여 유리한 세력균형을 추구하였던 것이다.

만약 19세기의 세계의 세력균형과 서양국가들의 궁극적 세계지배에 중요한 의미를 갖는 근·현대 서양국가들과 동아시아 국가의 경쟁방법에 차이가 있다면 그것은 서양국가들은 종국에 유럽의 세계경제와 산업혁명 도입에 직접적으로 공헌한 중상주의의 중요성을 계속 강조하였고, 반면에 중국지역 국가들은 서양국가들만큼 상업을 상대적으로 중요시 하지 않았다는 것이다. 이러한 중상주의가 군사기술과 결국에는 유럽국가들이 중국을 정복하게 한 전쟁 능력을 극적으로 증대시켰던 것이다. 중국에서의 상업에 대한 관심과 발전상태는 기본적으로 정규적인 시장경제에 비견할 정도의 수준이었으며, 이에 비하여 유럽인들은 식민적 수탈과 국력의 원천과 기본으로서의 독점적 이익을 추구하는 국제 자본주의 무역이라는 측면에서의 체계적인 중상주의에 의존하였다는 것이다. 두말할 필요도 없이 그 역사상이나 특히 근세의 중국의 시장경제 측면에서의 경제발전은 스킨너(G. William Skinner)의 중국시장구조에 관한 연구나 항코우(Hankow)시의 상업발전에 관한 로우(William Rowe)의 연구가 입증하듯이 상당히 광범위한 것이었다. 그리고 중국의 기술발전 수준 역시 많은 역사학자들이 설명하듯이 세계 어느 곳보다도 앞서 있었다. 그러나 중국의 경제는 고도로 응집된 경제조직형태인 자본주의로 진화할 수 없었으며, 중국의 기술은 중국 정부내에서의 관료라는 위치와 유교에 기반을 둔 고전적 경전을 숭상하고 상업과 기술을 상대적으로 경시한 중국인들의 이데올로기와 문화형태로 인하여 서구 유럽인들이 도입한 산업혁명을 창출할 수 없었다. 예를 들어 중국의 상인들은 상업으로 일정 수준의 부를 축적한 후에 그 재산을 자본의 축적에 투자하지 않고 오히려 토지구매에 사용하였다. 왜냐하면 귀족적인 사치스러운 생활이나 관직의 획득이 중국사회에서는 가장 가치있는 일이기 때문이었다. 중국의 풍부한 노동력 역시 중국이 기술발전에 큰 관심을 쏟지 않은 이유라고 할 수 있다. 그러한 것들이 중국이 유럽인들이 이룬 광범위한 세계경제유통망을 도입할 수 없었고, 유럽의 산업과 군사력의 기본이었던 산업혁명을 성취할 수 없었고, 마지막으로 유럽의 제국주의 앞에서 세계 최고의 정치적 위상을 포기하여야 했던 이유였다.

물론 같은 유럽국가들 내에서도 중상주의 정책에 대한 의존도는 그 지리적 여건이나 국내 정치체제 그리고 사회·문화제도에 따라 큰 차이가 있었다. 예를 들어 이태리의 베니스와 같은 도시

국가, 화란 그리고 영국과 같은 상업자본가 위주의 정치체제와 문화를 가진 국가들은 다른 어느 나라보다도 더 중상주의적이었다. 귀족적인 정치구조와 문화를 가진 수륙양용국가였던 스페인과 프랑스는 강력한 경제팽창정책을 추구하였다는 의미에서는 중상주의적이었으나 그들의 경제정책이 해양 국가들의 정책과 같이 철저하거나 일관된 것은 아니었다. 마찬가지의 논리로, 관료적이고 귀족적인 정치구조와 문화를 가진 대륙국가인 프러시아와 러시아도 중상주의 정책에 의존하였으나 그 정책들은 해외에서의 경제수탈에 그다지 연연하지 않았으며 오히려 해양국가들의 대륙 침입에 대한 대응이라는 성격을 띠고 있었다. 그리하여 각기 다른 유럽 국가들의 정책은 서로 다른 정치적이고 경제적인 지리학과 직접 관련되어 있었고 따라서 유럽의 국제적 힘의 경쟁은 지정학적이었다고 규정할 수 있었다. 그러나 같은 유럽국가들간의 중상주의에 대한 의존도의 차이가 무엇이었던 간에 역시 유럽인들의 중상주의의 중요성에 대한 강조는 중국인들의 것보다 더 강하였다. 만약 중국이 고대중국의 몇몇 경쟁국가들의 경우와 같이 한때라도 중상주의에 의존하였다면, 그것이 반드시 프러시아나 러시아의 경우보다 더 심했다고는 말할 수 없다. 왜냐하면 중국 역시 기본적으로 관료적이고 귀족적인 정치구조와 문화를 갖고 있는 대륙국가였기 때문이다. 중국인의 중상주의 정책은 기껏해야 정복된 지역으로부터의 경제적 수탈이었으며 유럽의 해양국가들과 같이 철저한 것은 아니었던 것이다.

제2장 세력균형의 원칙

국제정치의 현장에서 가장 쉽게 관찰되는 현상은 세력균형의 원칙이다. 15세기 이태리 도시국가들간의 세력균형을 위한 투쟁은 그 원형적 예라고 할 수 있다. 이들 도시국가들의 동맹전환, 군사블럭 형성, 국제안보회의 개최 등의 모든 행위가 궁극적으로는 최소한으로 생존, 가능하다면 패권 그리고 그 사이에서 유리한 세력균형 쟁취를 목표로 하였다. 물론 이들이 패권을 가장 선호하였다는 것은 말할 필요도 없으나 그러한 패권의 쟁취는 항상 세력균형의 원리에 의하여 견제되었다. 16세기 합스부르그가의 패권획득을 방지하기 위한 프랑스의 시도와 오토만의 개입이 그러한 예이다.

세력균형의 원칙은 항시 존재하였다. 16세기 말과 17세기 전반기에 스페인으로부터 독립하려는 화란과 신교도의 프랑스를 지원한 영국의 행위도 그러한 원칙에 기반을 두고 있었고, 영란전쟁중에 프랑스의 침입에 놀라 단기 군사동맹을 재체결한 영국과 화란의 행동도 마찬가지였다. 사실상 유럽의 경우에는 영국이 17세기 중반 이후로 국제정치의 균형자로 기능하였으며, 스페인 계승전쟁에서 프랑스를 저지하려는 그리고 오스트리아 계승전쟁에서 프러시아를 저지하려는 노력을 포함하는 수많은 영국의 행위들이 그러한 예라고 할 수 있다. 비인체제 속에서도 5개의 강대국들은 협력하는 가운데 세력균형을 유지하였고, 신제국주의도 세력균형의 개념에 근거한 패권추구의 목적으로 실시되었다. 19세기에 러시아의 남진정책과 제1차 세계대전 이전의 독일의 해군력 확장에 대한 영국의 우려 역시 세력균형의 원칙에 의거한 것이었다. 제2차 세계대전 이후의 냉전시대에도 세력균형은 가장 중요한 국제정치의 원리였으며 냉전 이후의 시대와 그 이후의 미래에도 그러할 것이라는 것은 말할 필요조차 없는 일이다.

이러한 세력균형은 이미 수차례 언급되었듯이 군사동맹을 추구하는 외교, 군사력, 경제력의 동원에 의하여 유지되었다. 그리고 이러한 세력균형이 한쪽으로 편향되었을 때 패권적 제국이 등장하였다. 군사적 측면에서 볼 때, 15세기 이태리의 도시국가, 화란, 영국과 같은 해양세력들은 수시로 해적질로 현실화된 중상주의적 경제를 충족시키기 위하여 많은 경우에 해군에 의존하였고, 프랑스, 독일, 오스트리아, 러시아와 같은 대륙국가들은 육로팽창을 위하여 주로 육군을 동원하였다. 그 사이에서 16세기의 스페인과 같은 수륙양용국가는 육로와 해로의 공동수단에 의존하였다. 20세기의 미국과 소련의 군사적 수단 역시 기본적으로 이러한 해양세력과 대륙세력의 범위에 귀속되어 공군력에도 불구하고 각각 해군력과 육군을 강조하였다. 그러나 이러한 모든 차이에도 불구하고 이들 국가들은 군사동맹을 세력균형의 가장 중요한 수단으로 이용하였으며, 그 이유는 그것이 군사·경제적 차이를 상쇄시키는 가장 손쉽고 빠른 방법이었기 때문이다. 외교혁명을 비롯한 군사동맹전환의 예가 수없이 많다는 사실이 이를 입증하고 있다.

이들 경쟁하는 서양의 국가들은 항상 필요에 의하여 세력균형의 원칙에 의존하였으며 그러한 노력은 가끔은 국가간의 세력이 균형적으로 분배된 국제적 평형상태(equilibrium)를 이루었고 또 가끔은 어느 한 국가에 의한 패권이라는 국제적 불평형(disequilibrium)으로 귀결되었다. 짧은 기간 동안의 국제적 평형은 자국의 국익과 힘을 추구하는 새로이 부상하는 국가에 의하여 변형되었으며 따라서 다시 불평형의 상태가 되었고, 이에 관련된 모든 국가들은 자동적으로 세력균형의 정책을 통하여 자기들의 상대적으로 감소된 자국의 세력과 이익의 극대화를 추구하였다.[1)]

이러한 세력균형체제가 무자비한 경쟁으로 특징지어지고 있다는 것은 의심할 여지가 없다. 유리한 세력균형을 창출하여 자신들의 힘과 이익을 방어하고 증대시키려는 경쟁하는 국가들의 노력은 수시로 전쟁을 야기시킨다. 세력균형체제는 "경쟁을 배태하고 있다. 그 속에는 반목의 기세가 팽배해 있다." 힘, 이익, 영향력 그리고 국가의 위상이 경쟁하는 국가의 주된 목적인 까닭에 군사력의 사용은 불가피하다. "전쟁은 세력균형의 원칙을 적용함으로써 배제되거나 추방되기는 커녕 현실적으로는 체제로서의 균형을 유지하는 마지막 수단으로 추대된다." 마찬가지로 세력균형체제는 평화를 옹호하지는 않는다. 사실상 세력균형체제는 항상 "패권추구를 방지할 연합세력을 필요로 한다." 그리하여 처칠은 영국의

1) Inis L. Claude, *Power and International Relations*, New York: Random House, 1949, pp.18-41.

선두기치하의 세력균형체제를 평형을 통한 평화의 유지가 아니라, 필립 2세, 루이 14세, 나폴레옹, 빌헬름 2세와 같은 침략자들에 대하여 우세한 연합세력을 동원하여 전쟁에서 승리를 거두었다는 것에 그 가치를 부여하였다.[2)]

세력균형원칙의 규범적 목표는 적의 독점적 우세를 익지하는 것이므로 생존을 위한 방지적 차원에서의 전쟁이 정당한 방법이 된다. 이론적으로 세력균형체제는 정당한 균형을 추구한다. 그러나 현실적으로 세력균형체제는 일반적으로 인정되는 국제적 목표와는 상반되게, "국제적 균형이 아니라 국가적 절대우위나 세력우위, 한 치의 안보 그리고 다른 국가보다 월등한 희망적 가치를 경쟁적으로 추구하는 경향으로" 특징지어진다. 세력균형의 선언된 목적과 정책적 원칙으로서의 적용에서 벌어지는 차이는 비애를 창출한다. "그러한 차이는 특히 무엇보다도 약소 국가군의 권리보호를 포함하여, 안보의 분배와 독립국가의 법치하의 원초적 결합을 위한 기제로서의 세력균형의 기능을 왜곡시킨다."[3)]

세력균형체제는 평화를 수호하지도 않으며 약소국가의 권익보호를 지지하지도 않는다. 세력균형의 원칙은 국가간의 정확한 힘의 분배에 대한 산정의 어려움으로 인하여 어떤 특정한 국제적 사건의 향방을 확실하게 예언할 수도 없다. "따라서 도발, 전쟁 그리고 평화회담이라는 긴 과정으로 점철되는 국제평형의 도전(challenge), 파탄(disruption) 그리고 재구성(reconstitution)이라는 친숙한 주기적 순환이" 계속되는 것이다.

약소국들은 세력균형의 역학속에서 대부분 희생물이 된다. 세력

---

2) Ibid., pp.59, 88.

3) George Liska, *Quest for Equilibrium*, Baltimore and London: The Johns Hopkins University Press, 1977, pp.34-36.

균형의 원칙은 약소국들에게 어떠한 특정한 권리도 보장하지 않는다. 약소국은 대체로 자기들의 목적달성에 몰두하는 강대국의 의도와 행동에 그 운명이 달려 있다고 해도 과언이 아니다. 약소국들은 "분할되기도 하고, 세력균형에 의하여 수동적 완충지대로 중화될 수도 있고, 또는 활발한 역할로 끌려 들어갈 수도 있다. 많은 것이 결정적인 순간에는 평형과 절대우위의 역학상태와 경향 그리고 강대국들의 정책적 원칙으로서의 세력균형의 필요성에 대한 평가에 의할 것이다."

사실상 이상적인 세력균형체제는 국제평형 유지를 위하여 국익을 떠나 행동하는 균형자가 존재할 때만 효과적일 수 있다. 그 균형자는 국제상황에서의 객관적 필요와 도달해야 할 균형상태에 대한 충분한 지식을 가지고 행동하여야 한다. 그러나 현실적으로는 영국의 경우가 시사하듯이 그러한 이상적인 균형자를 갖는 것은 어려운 일이다. 영국은 오랜동안 유럽의 균형자였으나 그 역할은 충분치 못하였다. 영국은 세력균형유지에 헌신적이었다기보다는 주로 자국의 힘과 눈앞의 이익만을 추구하였다. 예를 들어 영국은 항상 화란지역의 일에 간섭하였으나 다른 국가, 특히 러시아와 갈등을 겪고 있는 발칸지역이나 페르샤와 같은 주변지역의 일에는 소극적이었다. "균형자가 자유로운 선택과 처리하고 있는 문제의 범위축소를 선호하는 것은 당연한 일일지 모른다. 그러나 그것은 다른 국가에게는 차가운 위안일 뿐이다. 아마도 두 차례의 세계대전이 일어나기전에 영국이 확실하고 활동적으로 동구 유럽의 약소 국가들을 방어하겠다는 의지를 표명하지 않았다는 것은 우연의 일치가 아니었을 것이다."

세력균형의 원칙과 세력균형체제는 많은 문제점을 가지고 있다.

무엇보다도 먼저, 세력균형은 어떠한 국제적 확실성도 보장하지 않는다. 국제적 세력균형의 전체 체제는 원천적으로 내재적인 갈등과 비예측성으로 특징지어지고 있다. 그 어느 누구도 미래에 어떤 일이 발생할지 자신있게 예측할 수 없으며, 그 어느 누구도 한 경쟁하는 국가가 어떻게 행동변화를 일으킬지 확신하여 예언할 수 없다. 그 자체로서는 세력균형은 어떤 특정한 구성 및 절차에 대한 옳음과 정치적 지혜로서의 지침을 제공하지 못한다. 그것은 정확한 내용과 어떤 적용방식을 갖춘 국제정치의 근본법칙이라기보다는 오히려 대충적이며 최우선적인 원칙이라고 할 수 있다.

적의 부상을 저지하려는 세력균형원칙의 경향은 끊임없는 경쟁을 야기시킨다. 문제가 되는 것은 무자비한 경쟁만이 아니라 힘이 사용되는 방법이다. 패권을 확보하고 적의 등장을 제어하려는 각국의 노력은 많은 경우에 국제적 균형을 유지시키나, 긍정적인 결과는 체제속의 구성국들, 특히 강대국들이 자신들의 국제행동의 결과를 두 번 이상 생각할 때에만 가능하다고 할 수 있다.[4)]

---

4) Ibid., pp.40-43.

제3장 국제기구의 기본성격

유럽 외교사가 기본적으로 보여주는 국제기구의 본질은 15세기 이태리의 최신성동맹(Most Holy League), 19세기의 비인체제, 20세기의 국제연맹과 국제연합에서 역력히 드러나고 있다. 최신성동맹의 특성은 구성국들의 이해관계 때문에 민주적 체제라는 기치를 내걸었음에도 불구하고 제한된 기능밖에 수행할 수 없었다는 것이다. 구성국들은 강대국과 약소국으로 구분되어, 강대국들은 자신들의 세력균형을 가장 큰 관심사로 삼았고, 약소국들은 자국의 이익보호를 위하여 최선을 다했으나 계속 강대국의 희생물이 되었다.

비인회의(Congress of Vienna) 역시 마찬가지였다. 비인체제 속에서 강대국들은 자신들간에 세력균형을 유지하는 한편 약소국에 대해서는 국제적 위계질서를 확립하였다. 강대국과 약소국의 구분은 참가국의 군사능력에 따라 결정되었다. 향후 20년 동안 또다른 프랑스의 침략에 대비하여 6만의 군사를 동원할 수 있는 국가는 강대국으로 규정되었고, 그렇지 못한 국가는 자연히 약소국이 되었다. 영국, 러시아, 프러시아, 오스트리아 그리고 이들의 허락을 받아 가입한 프랑스로 구성된 5강대국(Big Five)과 스페인, 스웨덴, 포르투갈, 제노아, 네델란드, 사르디니아, 시실리를 포함하는 기타 국가들이 참여한 이 비인회의는 전적으로 5강대국에 의해 지배되었다. 나폴레옹 전쟁의 결과로 변형된 세력균형을 재조정할 목적으로 시행된 국경변경과 민주 및 민족주의 운동의 확산을 방지하기 위한 약소국에 대한 정치간섭을 포함하는 모든 비인회의의 결정은 강대국에 의해 좌우되었다. 이 모든 결정들은 약소국 이익의 희생위에 강대국들에 의해 만들어진 것이었으며, 1821년의 트로파우회의(Conference of Troppau)와 라이바흐회의(Conference of Laibach)의 결정 역시 그러한 한 가지 예라고 할 수 있다. 이 시기의 "약소국은 완전히 소외되었다… 강대국과 약소국의 구별이 (최초로) 도입된 비인회의에서… 모든 국가들은 국제법하에서 겉으로는 균등한 지위를 가지고 있었으나 실질적인 모든 결정은 주요 국가들에 의해 정해졌다." 입헌절차적 측면에서 강대국들은 유럽 국가군의 이사국에 해당되었다. 이들은 유럽의 공공법하에서 대표성이 없는 약소국들의 자유를 존중하도록 되어 있었다. (그러나 법이나 이론과는 달리) 비인회의는 과두체제를 유지하는 가운데 독특한 형태의 법치주의를 실시하는 독재체제로 변질되었다. 사실상 그것은 모든 가능한 수단을 동원하는 강대국간의 합의증진 이외에는 큰 의미가 없었다. 피상적으로 동등한 주권을 옹호한 국제기구는 기본적으로 갈등을 겪는 강대국간의 이해조정과 약소국 통치의 수단이었던 것이다. (이러한 국제기구의 운영을 위하여 강대국에 의해 도입된) "국제법은 (강대국의) 갈등을 해소하고 비밀리에 새로운 형태의 균형을 창출하기 위한 안전밸브 역할을 하였다. 그것은 다만 오로지 강자에게만 유용한 편리한 절차적 규정을 공급하였을 뿐이다. … (국제법에 의거한) 그러한 절차적 허가는 존재에 대한 동등한 실질적 권리와 모든 국가의 독립을 무효화 시키고 있었다. 그 결과는 법률의 이중성과 (법률) 남용에 대한 공모였다."[1)]

이러한 국제기구의 기본적 속성은 그 이후의 시대에도 계속되었다. 비록 국제연맹에서 미국의 불참과 강대국 약화라는 시대적 특성과 윌슨 대통령의 민족자결주의의 영향에 의하여 약소국들의 발언권이 다소 높아졌고, 또 국제연합에서 약소국들의 정치적 권리가 과거에 비하여 상승되었지만, 강대국들은 자기들의 세력균형 유지에 전력을 다하는 가운데 독점적 권리를 그대로 유지하였으며 약소국들은 상대적으로의 열세를 면치 못했다. 국제연합의 경우에 안전보장이사회가 그러한 강대국 권리에 관한 결정적 역할을 하였으며, 미국이 유일한 초강대국으로 역할하는 냉전 이후 시대의 국제연합은 일정기간 상당 수준에서 미국의 이익과 경쟁 강대국의 부분적 이익을 대변할 것이다.

---

1) George Liska, *International Equilibrium*, Cambridge: Harvard University Press, 1957, p.47.

제4장 국제정치에서의 정치적 고려와 경제적 고려의 우선순위

서양 외교사는 국제정치상에서의 정치적 측면과 경제적 측면의 고려에 있어서 정치적 측면이 우선한다는 것을 보여주고 있다. 16세기의 스페인이 국고의 고갈에도 불구하고 제국주의적 팽창을 계속하였다는 사실이 그러한 예라고 할 수 있다. 그러나 이러한 견해는 그 어느 시기보다도 1870년대 이후의 신제국주의 시대의 역사에 의하여 입증되고 있다.

과연 신제국주의는 많은 맑시스트들이 주장하듯이 단지 경제적인 이유만에 기인하고 있는가? 예를 들면 홉슨(J. A. Hobson)은 그의 1902년의 저서인 『제국주의(*Imperialism*)』에서 서구유럽 제국주의의 원인이 산업국가들의 불균형적 부의 분배와 그에 따른 소비의 부재였다고 주장하였다. 홉슨에 따르면 대부분의 부는 산업자본가와 금융재벌에 의해 독점되어 있었으며, 충분한 수입이 없던 대중은 충분한 상품을 구입할 수 없었다. 저수준의 소비는 차례로 산업국가내에서의 경제불황을 초래하였고, 자본주의자들로

하여금 시장을 확보하여 파산을 막을 수 있게 하는 외국으로 시선을 돌리게 하였다. 따라서 대량의 "잉여자본"이 아프리카와 아시아의 광산, 농장 또는 다른 사업의 건설을 위하여 수출되었고, 산업국가의 정부는 (산업자본가들로부터) 이러한 투자를 보호하도록 관련된 지역의 정복과 통치를 요청받았다.[1)]

바우어(Bauer)와 힐퍼딩(Hilferding)과 같은 오스트리아의 맑시스트들도 제국주의의 원인이 경제적이었다고 주장하였으며, 독일의 맑시스트인 룩셈베르크(Rosa Luxemberg)도 이러한 사상체계의 교조적 주장을 제시하였다. 그러나 레닌의 『제국주의(*Imperialism, the Highest Stage of Capitalism*)』(1916)가 맑시스트 개념에 관한한 가장 영향력 있고 체계적인 저서로 대두되었다.[2)]

사실상 제국주의의 원인에 대하여 경제적 요인에 초점을 맞추는 맑시스트들의 주장, 특히 자본주의의 본질은 상당한 일리를 갖고 있다. 그러나 그것은 사실의 전부가 아니다. 경제적 요인은 서구 유럽제국의 팽창에 관하여 상당한 설명력을 지니고 있으나 그보다 더 중요한 것은 정치적 변수가 경제적 변수에 못지않게, 아니면 그보다 더 제국주의에 공헌하였다는 것이다. 예를 들어, 더 많은 소비를 필요로 하는 과잉생산의 국내 경제적 문제, 값싼 노동력과 원료를 이용하여 전세계에서 더 많은 이익을 창출하기를 원하는 자본주의자들의 욕망, 그리고 1870년대 이후의 서구 유럽 국가들과 미국의 상호 보호무역주의라는 측면에서의 국제경제경쟁은 해외에서의 새로운 경제적 기회를 찾기 위한 제국적 팽창에 기여하였다.[3)] 그러나 역시 군사동맹 위주의 외교, 군사력 그리고

1) Anderson, op. cit., pp.206-207.
2) Ibid., p.207.
3) Ibid., p.210.

경제라는 수단을 동원하여 수세기 동안 투쟁해 온 역사에 비추어 볼 때, 독일통일 이후의 전반적인 세력균형에 대한 서구 유럽국가의 관심이 그들의 세계 각처로의 해외팽창의 결정적 요인이었다. 신제국주의시대의 서구국가의 해외팽창의 보다 광범위하고, 근본적이고, 보다 일반적인 목표는 자신들간의 유리한 세력균형의 획득에 있었다.

물론 유럽국가의 정부들은 산업자본가들의 이익에 의하여 상당히 영향받았다. 그러나 그 정도가 유리한 세력균형으로 요약되는 국가 전체의 대표적 이익에 손상을 주는 정도는 아니었다. 유럽의 정부들이 자본주의자들의 도구가 아니었다는 대표적인 예는 제1차 세계대전이 런던의 로스차일즈(Rothschilds)의 영·독 갈등을 해소시키려는 노력에도 불구하고 경쟁하는 국가에 의하여 수행되었다는 것이다. 결정적인 순간에는 유럽의 정치지도자들은 예외없이 경제적 이익을 정치적 또는 전략적 이익의 하부 이익으로 간주하였다. 비슷한 예로, 1870년 이후의 영국의 식민통치 관련 정부관리들은 조호르(Johore)의 정치수뇌들이 독점 이익을 영국의 자본가들에게 제공하겠다는 제의를 계속 거부하였다. 경제적 목적은 러시아에 대한 프랑스의 1906~1914년의 경제차관에서와 마찬가지로 결정적 순간에는 항상 정치·외교적 목적에 귀속되었다.[4)]

러시아와 이태리 제국주의의 사례 역시 경제적 이익만이 해외팽창의 원인이 아니었다는 것을 입증하고 있다. 그 두 국가는 모두 해외에 투자할 충분한 자본을 갖고 있지 못했고 다른 서구 유럽국가에 비하여 훨씬 경제력이 낙후되어 있었으나 제국주의라는 측면에서 다른 국가 못지않았다. 사실상 19세기 후반기의 중앙아

---

4) Ibid., pp.208-209.

시아에서의 러시아의 제국주의는 여러가지의 복합적 목표로부터 유래하였다. 예를 들어 터키스탄(Turkistan)을 목화생산에 사용하려 하였던 러시아의 의도는 한편으로는 경제적이었고 다른 한편으로는 키바(Khiva)와 보카라(Bokhara)를 제압하고 영국의 인도에서의 영향력 확장을 막는다는 의미에서 정치·군사적이었다.5)

다시 한 번 강조하면 맑시스트의 제국주의에 대한 경제적 해석은 상당한 설득력을 갖고 있으나 포괄적이지는 못하다. 정치 역시 독립변수의 역할을 하고 있다. 1870년대 이후로 민족주의와 같은 독립적인 정치변수가 국제경쟁과 반목에 더 큰 기여를 하였다. 유럽내에서의 유리한 세력균형을 확보하려는 시도가 외국에서 그대로 실시되었다. 프랑스의 아프리카와 인도차이나로의 팽창, 이태리의 에리트리아(Eritrea), 아비시니아(Abyssinia) 또는 트리폴리(Tripoli)로의 침투, 그리고 러시아의 중앙아시아와 동아시아로의 전진은 모두 광범위하게 정의된 정치적 이유에 기인하고 있었다. 1870년대 이후의 "제국주의는 유럽에서의 정치적 투쟁이 주변(periphery)으로 확대된 것"으로 볼 수 있다. 일단 유리한 세력균형을 획득하겠다는 목표가 설정되면 어느 한 식민지가 중요한 경제적 가치가 있는가 없는가 하는 것은 큰 문제가 되지 않았다. 제국주의 세력들은 식민지 탐험에서 적어도 상대방과 보조를 맞추어야 할 필요를 느꼈다. 비록 식민지가 현재에는 경제적 가치가 없다하더라도 제국주의 세력들은 경쟁국이 전세계를 독점하지 못하도록 주변으로 나간 것이었다.6)

많은 경우에 외교는 경제적 이익을 보호하기 위한 도구로 사용

---

5) Ibid., p.213.
6) Ibid., pp.208-209.

되었다. 그러나 보다 많은 경우에 경제는 외교라는 우선적 가치에 귀속되었다. 제국주의는 전체적인 국가의 이익에 민감한 정치지도자들에 의해 결정되었다. 제국주의는 자국의 경제적 이익만을 목적으로 한 것이 아니라 더 중요한 정치·군사력을 포함하는 전반적인 힘의 확대를 목표로 하였다. 한 국가의 국위를 선양하거나 전세계에 전략기지를 확보하는 것이 경제적 이익을 증진시키는 것 못지않게 중요하였다. 제국적 조치의 결과로 확보된 영토는 보다 많은 경우에 "경제적 이점보다는 그 존재 자체나 지리적 위치에 따라 힘의 확대를 제공하는 계기로 부러움을 산 것이다. 제국주의적 정책을 채택하는 것은 세계에서 인정받는 것과 세계정치의 모든 중요한 사건에서 (자기 의견을) 말할 수 있는 권리를 획득하는 것을 뜻했다."7)

다시 말하자면 국제정치에서는 정치가 경제보다 우선 순위가 높다. 제1차 세계대전이나 제2차 세계대전이나 직접적으로 경제적인 이유에 의해 발발하지는 않았다. 비슷한 이치로 상당수의 영국과 미국의 석유와 남아메리카에서의 경제적 경쟁과 관련된 경제적 대립은 결코 그들의 정치·군사적 협력을 방해하지 않았다. 마찬가지로 몇몇 경제적 복잡성이 러일전쟁에 관련되어 있었으나 그 전쟁도 역시 성격상으로는 정치적인 이유에 의해 야기되었다. 물론 정치와 군사가 경제적 목적을 위하여 쓰인 경우가 많이 있으며, 그러한 예로 영국의 함대가 영국의 중국에서의 경제적 이익을 보호하도록 되어 있던 1839~1842년의 아편전쟁, 이집트에서의 케디브(Khedive)의 채권자에 대한 영·불 외교 그리고 미국의

7) Heinz Gollwitzer, *Europe in the Age of Imperialism 1880~1914*, trans., David Adam & Stanley Baron, New York: W. W. Norton & Company Inc., 1979, pp.11-12.

전함에 의한 일본의 강제개국 등을 들 수 있다. 그러나 정치·군사·심리적 목적을 띤 마찬가지의 많은 수의 국가행동이 있다. "어쨌든 한 나라의 경제가 식민적 모험의 배후에 항상 존재하였다는 견해는 부정확한 것이다."[8]

제2차 세계대전 이후의 냉전 역시 비록 미국 측의 동기는 경제적 목적에 있었을지 모르지만, 그 과정은 정치·군사적 고려가 우선되어 미국이 그 많은 정부재정적자를 지게 되었던 것이며, 소련의 재정고갈에도 불구한 군비경쟁도 마찬가지의 이치를 말해주고 있다. 그리고 이러한 기본원칙은 국가위기시에는 미래의 모든 국가들에게도 그대로 적용될 것이다.

8) Ibid., pp.76-77.

제5장 국제정치의 수단

국제정치 원리에 있어서의 필수적인 사항은 국가의 존속과 부상과 그리고 팽창을 포함하는 모든 국제관계의 주요 수단은 군사동맹을 추구하는 외교, 군사력, 경제력이라는 것이다. 물론 이 세 가지만이 국력의 기반이 될 리는 없다. 예를 들면 정치지도력의 수준, 관료제의 효율성, 종교의 힘, 교육수준, 도시화의 정도, 인구수, 언론의 역할, 문맹률, 사회사상, 일반적 민도, 지리적 여건 등 수많은 요소가 국력의 근본을 이루고 있다. 그러나 여기서 말하고자 하는 것은 국제정치의 수단으로 사용하거나 국제정치에 가장 직접적 영향을 미치는 변수가 대개 서로 연관관계를 맺고 상호작용을 하는 군사동맹을 추구하는 외교, 군사력, 경제력이라는 것이다.

1. 외교와 군사동맹

국제정치에서 외교가 중요하다는 것은 말할 필요가 없을 정도로 당연한 일이다. 근대 유럽에서 대사관을 통한 외교가 제도화된 것은 15세기의 이태리에서였다. 이들 대사관의 기본임무는 상대국의 정세파악과 정보수집, 분쟁의 해결, 자국의 입장 전달과 각종 교섭을 망라하는 광범위한 것이었으나, 그 중에서도 군사외교와 더 나아가 확고한 군사동맹의 유지가 외교의 핵심이었다. 그 이유는 국제정치는 속성상 군사력에 그 기반을 두고 있기 때문이었다. 외교에서의 협상력도 사실상 군사력에 비례하여 산정되었고 마지막 순간의 협상력의 척도는 군사력이었기 때문이다. 따라서 많은 교섭과 협상의 과정에서 도출된 합의도 궁극적으로는 군사적 가치 및 군사동맹의 필요성과 관련되어 있는 경우가 많았다. 소위 한 치도 양보할 수 없는 구조적 경쟁체제(built-in structure for competition) 속에서의 유리한 세력균형 창출의 가장 손쉬운 방법이 군사동맹이라는 사실이 외교의 그러한 속성을 말해주고 있다. 다시 말하자면 외교는 국제사회의 어느 한 국가가 자국의 목표달성을 위하여 상대국을 자기 편으로 끌어들이는 활동과 기능을 말하며, 강요, 위협 또는 이익제공 등의 모든 방법을 수반하는 외교협상은 최소한의 경우에 상대방의 중립화를 겨냥하고 최대한의 적극적 경우에 상호 유대의 가장 확실한 형태인 군사동맹의 체결을 목적으로 한다는 것이다.

조지 리스카(George Liska)에 따르면, 외교에서 이렇게 추구되는 군사동맹은 그 나름대로의 역학을 가지고 있다. 그것은 동맹, 탈동맹, 신동맹이며 이러한 역학의 가장 중요한 국제정치적 고려

요소는 힘(power)과 이익(interest)을 총망라하는 개념인 세력균형이다. 어느 한 국가는 자국의 정치·군사능력을 증진시키거나 적국의 공격능력을 감소시키기 위하여 군사동맹을 체결한다. 군사동맹의 체결에 중요한 것은 그것이 무한정 확대될 수는 없다는 것이다. 군사동맹은 반군사동맹(counter-alliance)을 야기시키는 까닭에 그것은 손익계산(cost-benefit analysis)에 의해 결정된다. "경제적으로 행동하기 위하여 동맹체결자들은 모든 유용한 동맹국을 마구잡이로 끌어들이는 것이 아니라 가장 요구되는 상대를 선택한다. 그 선택의 마지막 상대방과 비선택 상대방의 한계효용에 대한 계산이 선행된다. 군사동맹에는 물질적 비용뿐 아니라 순전히 정치적인 비용도 뒤따른다. 이러한 비용들은 반격, 반군사동맹, 또는 목표로 하는 국가로부터의 다른 역효과적 반응들로 구성되어 있다."[1)]

군사동맹이 막 체결되려는 초기에는 그 결합에 대한 이해관계가 다를 수 있다. 그러나 그 동맹이 성공적이려면 충분한 이익의 조화가 이루어져야 한다. 이러한 이익을 이루는 특수한 이익들은 기본적으로 국제안보와 국제안정이며 한 국가나 정권의 위상증진도 포함될 수 있다.

동맹이 국제안보를 보장하는 형식은 상호 군사원조나 중립과 마찬가지의 개념인 불가침의 형태를 통해서이다. 첫번째 형태는 "루이 14세, 나폴레옹, 그리고 제1·2차 대전의 독일을 견제하여 영국이 성립시킨 동맹들과 나토(NATO)와 시토(SEATO)이며, 두번째는 나치 독일과 소련의 공식"에서 볼 수 있다. 상호 원조조약

---

1) George Liska, *Nations in Alliance*, Baltimore and London: The Johns Hopkins University Press, 1977, pp.26-27.

의 발전은 공통의 위협에 대한 공동대응에서 유래하며, 불가침 조약은 "상대방에 대한 상호" 위험의 인식으로부터 출발한다.

동맹이 국제안정에 기여하는 것은 특히 그 동맹이 경거망동할 가능성이 있는 국가를 동맹에 포함시켜 진정시키는 경우에 두드러진다. "1756년에 프랑스와 오스트리아가 맺은 동맹의 진정한 목적은 일단 그 두 보수 강대국이 팽창하는 프러시아와 영국을 패퇴시킨 후에 유럽을 안정시키는 것이었다." "약 1세기 후에 (동맹을 통하여) 오스트리아를 억제시킨 국가는 비스마르크 지도하의 강성해진 프러시아였다… 러시아는 러·독 군사동맹에 대한 최선의 대안으로 비스마르크가 동맹을 통하여 오스트리아를 억제하고 있다는 사실을 기꺼이 받아들였다. 러시아가 독일에게 제국적 오스트리아가 경솔한 행동을 하지 못하도록 요구하였던 것은 핵시대의 미국이 소련에게 중국이 경거망동하지 못하도록 요구하였던 것과 마찬가지의 논리이다."[2]

국가가 이렇게 일정한 목적을 위하여 군사동맹을 체결하는 것과 마찬가지로 군사동맹은 일정한 이유에 의하여 단절된다. 사실상 동맹은 와해되기 쉽다. 평화시나 전시를 막론하고 동맹으로부터의 철수는 탈동맹(dealignment)으로 간주된다. 단독강화(separate peace)도 그러한 예이다.

어떤 국가들이 동맹에서 탈퇴하는 이유는 그로부터 유래하는 이익이 손실보다 크기 때문이다. 예를 들어, "스웨덴은 1640년대 말에 단독강화를 하지 않는 것이 유리하다고 판단하였다. 소련 역시 (마찬가지의 이유에 의하여) 1943년 말과 1944년 초에 나치 독일과 단독강화를 제의하는 일본의 평화공세를 받아들이지 않았

2) Ibid., pp.28-36.

다. 소련은 독일로부터 상당한 양보를 기대할 수 있었으나 전쟁을 끝까지 수행함으로써 연합국 측으로부터 더 얻을 것이 많다고 현실적으로 판단하였던 것이다.

그러면 한 국가는 탈동맹으로서의 단독강화를 어느 국가와 추구하는가? 한 국가는 보통 대립하는 동맹의 최강국가와 단독강화를 체결한다. 그러나 반대동맹의 능력을 약화시키기 위하여서는 반대동맹의 약한 국가들과 단독강화를 체결하게 되어 있으며, 그 결과로 상대 최강국가는 후에 완전평화를 받아들이기 쉽게 된다. 일반적으로 말하여 (전쟁중의) 한 국가는 약간 우세한 상태에 있거나 완전히 불리한 상태에 있을 때는 상대동맹의 최강국가와 협상을 해야 한다. 약간 불리하거나 완전히 유리할 때에는 상대 동맹의 약한 참여자와 협상을 해야 한다. 한정적 국지전(limited conflict)의 경우에는, 단독강화의 목표국은 상대 국가들의 미래 세력구조에 대한 경향과 의도를 현실적으로 판단하여 결정하여야 한다. 예를 들어, 산발적이고 장기화되었던 오스트리아 계승전쟁의 평화복원과정에서 영국이 선호하였던 상대국은 처음에는 프러시아였고 후에는 스페인이었던 반면 프랑스는 각각 화란 및 오스트리아와 협상하였다. 대규모 분쟁의 경우에는 단독강화는 분리통치의 원칙(divide and rule)에 따라 상대동맹을 약화시킬 목적으로 사용된다. "웨스트팔리아(Westphalia)의 평화협상과정에서 스페인은 연합주들(United Provinces)과 성공적으로 단독강화를 추구하였으나 스웨덴과는 그렇지 못하였다. 프랑스는 오스트리아와의 평화협정의 시발점으로 스페인을 따돌려 고립시키고 바바리아(Bavaria)를 유혹하였다. 주도세력인 프랑스와 스페인의 평화정착은 한 쪽이 완전히 군사적으로 패배할 때까지 기다려야 했다."

그러면 국가들은 어떻게 탈동맹을 유도하는가? 그것은 "강요, 유혹 또는 그 두 가지의 배합이다. 탈동맹의 목표국은 상대동맹 중에서 군사적으로 약하거나 심리적으로 지쳐 있는 국가이다. 그러한 교훈은 루이 14세가 사보이(Savoy)를 적대동맹세력으로부터 분리시키려고 하였을 때 적용되었다. 프랑스가 제1차 세계대전 전에 경제적 수단을 동원하여 3국동맹으로부터 이태리에 압력을 가했을 때, 그리고 제2차 세계대전 전에 미국이 일본과 충돌하기전에 일본을 3국조약(Tripartite Pact)으로부터 분리시키려고 하였을 때도 마찬가지의 경우였다. 제2차 세계대전 이후 공산세력들은 비슷한 전술을 서방동맹체제 특히 대만과 서독에 적용시키려 하였다. (사실상) 유혹 하나만으로서는 충분치 못하다. 합스부르그 세력은 1640년대에 스웨덴이 프랑스로부터 이탈하여 단독강화를 체결하도록 할 수 없었다. … 나폴레옹의 평화공세를 통한 상대동맹 해체의 신화적 기술 역시 자기의 군사력에 대한 신념이 저하되면서 실패를 금치 못하였다. 소련의 평화공세의 영향 역시 마찬가지로 배경요소로서의 군사력에 기인하고 있었다."

국가가 동맹을 체결하고 또 탈퇴하듯이 국가들은 마찬가지로 신동맹을 체결한다. 신동맹 체결의 이유는 역시 힘과 이익 측면에서의 손익계산이다. 신동맹 체결의 기본방법은 "강요"이다. 강요되었을 때 한 국가는 동맹의 손익을 계산한다. "오스트리아와 프러시아는 (프랑스의) 군사적 실패와 승리를 따라 나폴레옹의 프랑스로 편향하였다가 다시 원위치하였다." 물론 예외도 있다. "프랑코 치하의 스페인은 연합국측의 압력과 강요에 성공적으로 저항하였다." 그리고 강요의 정도와 형태에도 차이가 있다. "제1차 세계대전에서의 이태리의 편향의 이유는 제2차 세계대전 때보다는 덜 강압적 압력에 기인하였다. 두 경우 모두 외부적 영향은 단지 신동맹을 선호하는 광범위한 대중적 경향과 지정학적 요인들을 확인시켰을 뿐이다." "어느 나라도 어떤 형태의 강요를 완전히 물리칠 수는 없다. 영국이 크리미아 전쟁으로 치닫는 위기에서 러시아와의 친선관계로부터 프랑스와의 군사동맹을 통한 러시아의 견제로 선회한 것은 부분적으로는 프랑스의 강요에 의한 것이었다." 물론 현재의 동맹으로부터의 이익이 갈라져 신동맹이 강요 없이 성사되는 수도 있다. 그러기 위하여서는 상대국은 우호적이어야 하며, 차선적 동맹국과의 갈등이 현재의 동맹국과의 불만보다 더 커서는 안된다. … 30년전쟁에서의 프랑스와 스웨덴의 이익 갈등이 그 전쟁 자체의 중량보다 적어 신동맹은 일어나지 않았던 것이다.[3]

2. 군사력과 전쟁

군사동맹을 추구하는 외교와 더불어 국제정치의 또다른 중요한 수단은 군사력이다. 군사력의 중요성은 전쟁으로 대표된다. 군사동맹 역시 군사력 증진을 위한 부차적 방법일 뿐이며 유럽 국제정치사가 전쟁으로 점철되어 있다는 사실은 되풀이 할 필요가 없다. 이태리 도시국가간의 전쟁, 스페인의 식민주의, 스페인 몰락의 군사적 계기였던 무적함대의 패퇴, 화란의 식민팽창과 영란전쟁에서의 세번의 패배와 제해권 상실, 유럽의 모든 주요 국가가 관련되었던 계승전쟁들, 영국과 프랑스의 식민지전쟁, 산업혁명이 가

3) Ibid., pp.36-57.

져다 준 유럽국가의 군사능력 증진과 중국의 반식민지화, 제1·2차 세계대전, 미·소의 등장과 팍스 아메리카나 그리고 미래의 국제안보구조속에서의 군사력의 역할 모두 군사력의 중요성을 되새겨주는 일이라 아니할 수 없다. 극단적으로 말하여 일정 수준의 군사력이 없이는 어느 국가도 존재할 수 없다고 말할 수 있는 것이다.

국제정치에서의 군사의 역할은 기본적으로 "대규모의 결투"인 전쟁이든지 전쟁할 수 있다고 위협하는 도구로서의 기능이다. 물리력의 행사인 전쟁은 그 구성요소로서 도덕이나 "인정"을 포함하지 않는다. 왜냐하면 그러한 경향이 있는 쪽은 전쟁에서 패배하기 쉽기 때문이다. "각자는 상대 적을 극단으로 몰아부칠 것이며, (이것을) 제한하는 유일한 요인들은 전쟁에 내재적인 반작용적 세력균형일 뿐이다." 전쟁의 순수한 핵심은 무제한적 폭력이다. 전쟁은 "힘의 최대한적 사용"을 의도하며, 쟁의이론에 양보의 원칙을 도입하는 것은 항상 논리적 우매에 봉착할 것이다. "몇몇 국가가 전범들에게 보다 더 관용적이었다거나 다른 국가들보다 덜 약탈을 하였다는 사실은 그들이 적은 강제력을 사용한다는 뜻이 아니다. 그것은 오히려 전쟁전략으로써의 강제적 힘을 사용하는 효과적인 방법일 뿐이다."4)

그렇듯이 순수한 이론에서 전쟁은 "자유로이 작용하고 그 자신의 법칙 이외에는 복종하지 아니하는 힘의 충돌"이다. 그러나 그것이 현실에서의 전쟁이 항상 모든 수단과 능력을 동원하는 전체적인 전쟁이라는 뜻은 아니다. 보다 더 중요한 것은 전쟁이 대개

---

4) Carl Von Clausewitz, *On War*, ed., trans., Michael E. Howard and Peter Paret, Princeton, New Jersey: Princeton University Press, 1976, pp.75-76.

의 경우 유리한 세력균형이라는 이름으로 규정되는 경쟁하는 국가의 정치적 목적에 의하여 구속받는다는 것이다. 전쟁이 상대 적국의 완전 파멸로까지 연장되지 않는 이유는 전쟁은 힘과 이익이라는 정치적 목적을 획득하는 수단이기 때문이며, 제한된 정치적 목적을 추구하는 제한전(limited war)은 그러한 대표적 예라고 할 수 있다. "전쟁은 결코 (독립적인) 별도의 행위가 아니다. 따라서 전쟁의 원천적 동기인 정치적 목적은 도달하여야 할 군사적 목적을 규정하며 전쟁이 요구하는 노력의 양을 결정한다." 전쟁은 사실상 정치적 목적을 획득하는 최종의 수단이며, 군사력의 사용은 "다른 수단에 의한 정책의 연장일 뿐이다. 인명과 물질의 대량파괴를 수반하는 까닭에 본질적으로 위험한 전쟁은 정규정책의 극단적인 형태일 뿐이며 전쟁에 있어서 특별한 것은 그 수단의 독특한 성격일 뿐이다."[5]

군사력의 사용은 그 전략에 있어서 4가지의 차원으로 구별되며, 그것은 작전적·병참적·기술적·사회적 차원이다. 작전적(operational) 차원은 상이한 지리적 위치에서의 군사의 집합과 분산 그리고 군사력 사용의 시기 등의 적절한 전투방법에 대한 군인들의 이해에 관한 차원을 말하며, 그것은 나폴레옹의 계속적 승리에서 관찰되고 있다. 그러나 그러한 작전적 차원만으로서는 미국의 남북전쟁에서 입증되듯이 전쟁에서의 승리를 보장할 수 없다. 군사작전에서 그렇게도 우세하였던 남부의 리 장군도 "월등한 산업능력과 인력을 군대에 동원한" 북부에게 패할 수밖에 없었다. 궁극적으로 남부는 허술한 전략 때문이 아니라 약한 산업기반 때문에 전쟁에 패배하였던 것이다. "최고의 중요성을 가지고 있는 것으로 입증된

5) Ibid., pp.78, 81, 87.

것은 보다 많은 그리고 보다 좋은 장비를 갖춘 군사력을 전쟁터로 끌어들이고 유지하는 것이었다. 그것은 그 이후로 현재까지 미국 군사력의 전략적 교리의 근간을 이룬 (귀중한) 경험이었다." 물론 병참적 차원은 기술적(technological) 차원과 생산된 무기의 양과 질이라는 면에서 밀접히 관련되어 있었다. 병참 차원과의 관계라는 측면에서 미국의 남북전쟁시에 결정적으로 중요하였던 기술적 차원의 중요성은 19세기 후반의 유럽제국의 전세계 제패에서 확실히 드러났다.

여기서 한 가지 간과할 수 없는 것은 미국의 남북전쟁뿐 아니라 프랑스혁명에서도 입증된 것으로 전쟁의 목표달성을 위하여 끝까지 투쟁하려는 국민의 마음의 준비태세를 뜻하는 사회적 차원(social dimension)이다. 사회적 차원은 국민국가의 시대에 더욱 중요해졌으며 그 이유는 이 시대의 국민은 더이상 국가를 왕족의 전유물로 보지 않고 일반의사(general will)의 표출이나 또는 적어도 사회계약의 산물로 보았기 때문이다. "정부의 일에 점점 더 커가는 국민의 참여는 대중의 전쟁 가담을 뜻하였으며, 국민여론의 유도나 여론과의 공모는 전쟁수행의 필수적 요소가 되었다."[6)]

그렇듯이 20세기 초까지는 비록 상이한 상황에서 상이한 차원이 더 지배적이기는 하였으나 이 모든 차원을 고려하지 않고서는 성공적 전략이 만들어질 수 없었다. 20세기에는 작전적 차원과 사회적 단결력의 중요성을 최소화시킬 것으로 예상된 공군력의 증진에 비추어 기술적 차원이 더 강조되었으나, 그러한 예상은 잘못된 것으로 판명되었다. 제1차 세계대전에서 "영국인이나 독일인의

---

6) Michael E. Howard, "The Forgotten Dimensions of Strategy," *Foreign Affairs*, 57, 1979, pp.975-986.

전쟁에서의 사기는 비행기 공습에 의해 파괴되지 않았으며, 제2차 세계대전 이후의 시대에 미국의 베트남과 캄보디아에 대한 역사에 유례가 없는 대량 공습도 그들의 민족주의를 말살할 수는 없었다."[7]

3. 경제와 중상주의

이러한 군사능력을 뒷받침하는 것은 군사력의 병참적 차원과 기술적 차원이 증명하듯이 산업능력과 기술수준을 포함하는 총체적 개념으로서의 경제력이다. 한 국가의 경제력은 인구수에 따르는 노동력의 규모, 농업생산성, 공업기술수준, 상업발달수준, 재무구조, 교통의 발달수준, 영토의 크기 등에 비례한다. 이러한 경제요인들이 규모가 크고 적절히 배분되어 필요한만큼 군사부문으로 투입될 수 있을 때 그 국가의 군사력은 일정한 목적을 달성할 수 있는 것이다. 그러나 경제력과 군사력의 관계는 경제가 군사부문을 지원하는 것에 그치지 않는다. 군사력과 경제력이 불가분의 관계에 있다는 사실은 군사력이 경제력에 비례할 뿐만 아니라 더 나아가 경제력을 창출하고 또 군사력의 쇠락은 경제력 쇠락의 계기라는 사실이다.

그러한 사실은 유럽의 국제정치사에 의하여 확실하게 입증되고 있다. 16세기 스페인의 경제의 시작은 자국의 기본 경제능력에서 출발하였으나 점차로 제국주의적 팽창을 계기로 외국으로부터의 수탈에 그 기반을 두었으며, 과도한 군사팽창의 결과 국고가 고갈

7) Ibid., pp.978-979.

됨에 따라 더 이상의 팽창은 중단되었고 결국은 쇠락하게 되었다. 화란의 부상도 스페인의 쇠락과 영국의 내란에 의한 군사적 위협의 부재에 의해 가능하였으며, 그 경제적 번영은 일정 수준 해외 식민활동에 의해 유지되었다. 그리고 그 경제력의 쇠퇴는 명백히 영국과의 세 차례에 걸친 영란전쟁과 그로 인한 제해권의 상실에 의한 것이었다. 17세기 중반 이후의 프랑스의 부상도 콜베르의 군사력 증강과 중상주의에 의한 결과였고, 18세기의 국가들도 마찬가지의 원리에 의존하였다. 영국에서 산업혁명이 가능했던 이유도 부분적으로는 막강한 해군의 자주국방능력에 있었으며, 1870년대 이후의 신제국주의도 군사력과 제력의 상호작용의 결과였다. 제2차 세계대전 이후의 미국의 군사력은 경제력의 뒷받침을 받았고, 그러한 경제의 수단들은 국제통화기금, 세계은행, 다국적 기업이었다. 마찬가지로 소련의 탈냉전의 선택과 그에 따른 독립국가연합으로의 재편은 기본적으로 공산주의 경제력의 약화에 기인하였다. 냉전 이후 시대의 미국의 세계정책은 미국의 군사력에 기반을 두고 경제력의 확대를 겨냥하고 있으며, 미래의 미국의 국제정치상에서의 역할과 위상 역시 미국 군사력과 경제력의 상호작용의 결과일 것이다.

이러한 경제력을 창출하기 위한 국가의 열망은 시대를 불문하고 계속되었으며, 그러한 노력의 대표적 정책이 중상주의였다. 물론 각국은 농업생산성의 증진이나 기술 수준의 증진 등 모든 가능한 방법을 동원하여 자국의 경제력 증강을 기도하였으나, 상대 경쟁국보다 상대적인 한 치의 경제적 이점과 힘을 가지려는 노력은 중상주의를 통하여 구사되었다는 것이다. 그러면 중상주의란 과연 무엇인가? 중상주의는 국력과 국부의 수단으로써 경제팽창이나 경제방어를 사용하는 국가의 정책을 말한다. 역사적으로 보면 제노아, 베니스, 그리고 플로렌스와 같은 이태리의 도시국가들이 중상주의정책에 의존하였다. 마찬가지로 16세기의 스페인, 17세기의 화란, 영국, 프랑스 그리고 18세기의 프러시아 및 러시아 역시 비록 정도의 차이는 있었지만 중상주의에 의존하였다. 19세기의 영국이 그러했다는 것은 두말할 필요도 없으며, 20세기 미국의 경제적 자유주의 역시 그 핵심적 측면에서는 중상주의적 속성을 띠고 있다.

중상주의는 국가 자체가 상업계층과 친밀한 관계를 유지하고 있었을 때 가장 성공적이었으며, 그 대표적인 경우로 상업자본가와 이해관계를 같이 하는 정치구조를 갖고 있던 이태리의 도시국가, 화란, 영국 그리고 미국을 들 수 있다. 베니스, 제노아, 플로렌스와 같은 이태리 도시국가의 경우, 금권을 가진 자들이 정부의 요직을 차지하고 있었다. 17세기 홀랜드의 지배계층은 거의 무조건적으로 자본가들의 요구를 수용하였다. 마찬가지로, 1688년의 명예혁명(Glorious Revolution) 이후로 영국 국가는 현재의 미국과 비슷하게 자본가들의 이익 수용에 적극적이었으며, 프랑스도 1830년의 7월혁명 이후로 마찬가지의 내부적 역학관계를 설정하게 되었다.[8] 프랑스의 구정치체제(Ancient Regime)하에서는 정치적 위계질서가 상업적 이익을 억누르고 있었으며 그 당시에는 국왕이나 관료에게 접근하는 것이 권력에 다가가는 가장 정통한 방법이었다. 이와 비슷하게 중국에서도 정치 엘리트가 상업적 이익을 완전히 질식시켰으며 따라서 상인이나 자본가 계층이 크게 번

8) Fernand Braudel, *Afterthoughts on Material Civilization and Capitalism*, Baltimore and London: The Johns Hopkins University Press, 1977, pp.64-65.

성할 수 없었다. 다른 많은 문화권에서도 상업적 이익들이 정치적이거나, 군사적이거나 또는 종교적인 권력계층(power elites)에 의하여 억압받았다. 자본주의의 번영은 일정 수준의 정치·사회적인 조건, 특히 정부가 자본주의의 이익보다 약하거나 또는 자본주의의 이익을 용인하거나, 또는 적어도 그에 중립적이어야 한다는 조건을 필요로 하고 있었다.[9]

중상주의정책의 실제 적용은 두 가지 형태로 나타났다. 하나는 한 나라의 국력의 바탕으로서의 전반적인 경제능력을 증진시키는 것이었고, 다른 하나는 정치적이고 군사적인 목적을 증진시킬 특정한 정책을 고안하는 것이었다. 첫번째의 방법은 전체적인 국가의 수입을 증가시키는 것이며, 전반적인 세력과 힘을 확장시키기 위하여 다른 국가가 필요로 하는 상품과 용역에 대한 수요를 유지시키는 것이었다.[10] 이것은 세 가지 형태를 띠고 있었으며 그것은 정규적 국제무역, 독점적 자본주의 무역, 그리고 직접적 식민주의였다. 17세기에 단지그(Danzig)에서 암스테르담에 발틱지역의 곡물을 수출하거나 남부와 북부 유럽 사이의 "포도주 무역"과 같은 "정규적이고, 예측할 수 있으며, 일상적인" 무역으로부터는 일정 수준의 작은 이익만이 예상되었다. 예상되는 이익만을 목적으로 하는 정규 상업교환은 부의 축적을 갈망하는 중상주의정책의 일부분이었다.[11]

이렇게 정규무역이 다소 겸손한 접근책이었던 반면 독점적 "상

---

9) Ibid., pp.68-74.

10) Eli F. Heckscher, *Mercantilism*(vol.Ⅱ), trans., Mendel Shapiro, London: George Allen & Unwin Ltd., New York: The MacMillan Company, 1935, p.31.

11) Braudel, op. cit, p.50.

인자본주의(merchant capitalism)"는 그 규모와 성격에서 전혀 달랐다. 15세기부터 정규 시장경제와 함께 성장한 상인자본주의는 독점 이익을 추구하는 상인들의 임의의 거래를 그 특징으로 하고 있었다. 국제공급과 수요의 경제조건을 어느 한 상인만이 알았을 때 그 상인은 엄청난 이익을 차지할 수 있었다. "그 (국제공급과 수요의 거래) 고리가 길면 길수록 그 상인들은 자기 자신들을 통상적 규율과 통제로부터 해방시키는 데 성공적이었으며, 보다 더 확실히 자본주의적 과정은 생성되고 있었다." 세계무역의 고리를 통하여 상업자본가들은 자기들의 이익을 증가시킬 수 있는 모든 방법을 동원하였으며 이러한 행위들은 상당 수준의 자본축적으로 귀결되었다. 그리고 이러한 장거리 국제무역을 수행할 능력을 가진 상인들의 숫자가 제한되어 있었으므로 17세기 화란의 경우와 18세기 초기의 영국의 경우에서 볼 수 있듯이 단지 소수만의 상인 자본가계급이 형성되었던 것이다.[12)]

그런가 하면 노예제도를 통한 값싼 노동력과 원료의 착취는 중상주의의 가장 극심한 형태였다. 이미 상술된 바와 같이 스페인, 화란, 영국은 가능한 모든 곳에 상당한 노예제도를 설립하였다. 대부분의 경우 무력사용이 전세계 노예제도 정착의 일차적 방법이었다.

이러한 정규무역, 독점적 자본주의 무역, 식민화가 일반적인 부의 축적의 방법이었다면, 이미 언급된 바와 같이 국부가 한 나라로부터 흘러 나가지 못하게 하는 방어적 수단이 중상주의의 두번째 방법이었으며, 영국의 항해조례(Navigation Acts)가 그 대표적인 예라고 할 수 있다. 영국의 항해조례는 적에게 추호의 이익도

12) Ibid., pp.52-57.

제공하지 않기 위하여 고안되었다. 그것은 어느 외국선박에게도 영국의 물품수송을 금지함으로써 국제수송사업을 영국인들 자신에게만 귀속시킬 것을 의도하였다. 더군다나 항해조례는 영국 국내에서 제조된 모든 선박은 특별 혜택을 받을 것임을 선포했다.[13] 사실 이러한 조치들은 유럽에서는 새로운 일이 아니었다. 예를 들어, 아라곤은 13세기, 영국은 14세기 말, 한자 (Hansa)는 15세기, 캐스틸은 15세기 말, 프랑스와 덴마아크는 17세기 그리고 스웨덴은 1720년대에 소위 상품포고령(produkplakat)을 통하여 비슷한 조치들을 취하였었다. 이 모든 비슷한 조치들은 "영국이 선두를 달린 해양의 지배를" 목적으로 하고 있었다.[14]

중상주의자들은 경제우위가 경쟁국에 대한 상대적 경제력의 문제라고 생각하였다. 단지 이익만을 창출하는 것이 아니라 적에게 기회제공을 거부함으로써 한 국가는 상대적으로 우수하며 자연히 더 강성하게 된다는 것이었다. 또는 상대국가의 경제력을 약화시킬 수 있다면, 그것은 국제적 탁월이라는 목적에는 더욱 합당한 것이었다. 결국 "그러한 생각은 경제에 대한 정적 개념에 기본을 두고 있었다." 그것은 세계의 경제재원은 정해진 다른 나라의 희생에 의해서 한 나라의 경제가 부강해진다는 견해였다.[15]

군사와 관계된 두번째의 중상주의 방법은 국가가 거의 강제적으로 전쟁물자의 수입을 강요하거나 약간의 동기를 부여하여 전쟁물자수입을 장려하는 것이었다. 물론 국가는 전쟁물자의 수출을 금하거나 수출금지를 권유하였다. 그 가장 대표적인 예로서 15세기의 영국의 경우를 들 수 있다. 1470년대에 에드워드 4세의 치

---

13) Ibid., p.35.

14) Heckscher, *Mercantilism*, vol.Ⅱ, pp.35-36.

15) Ibid., pp.22-24.

하에서 영국의 상인들은 모든 상품 1톤당 4개의 활과 화살의 재료를 수입하도록 명령받았다. 16세기에 새로운 전쟁물자가 소개되었을 때는 여러가지 구리 합금의 수출이 금지되었다. 17세기에는 총포류의 수출이 금지되었다. 그후에 화약제조에 필요한 광물 산업은 중상주의 정책의 일환으로 매우 중시되었다. 마찬가지의 정책이 영국의 해군력 증강에도 적용되었다. 개인 선박들의 제조가 장려되었으며, 국가 요구를 충족시킨 선박들은 세금 감면을 포함하는 여러가지 상을 받았다. 스웨덴과 덴마아크도 17세기를 기점으로 같은 정책을 실시하였다.[16)]

중상주의는 그 핵심에 있어서 "힘의 체제였으며, 힘이 중상주의자에게는 유일하거나 압도적으로 중요한 정책목표이며, (경제적) 풍요는 이 목표의 수단"이었다.[17)] 1880년대의 독일의 역사학파 경제학을 대표한 쉬몰러(Schmoller)에 의하면, 중상주의는 기본적으로 "국가건설의 체제였다. … 경제적이고 정치적인 이익은 같이 손을 잡고 갔다. 중상주의는… 그 가장 깊숙한 의미에서 국가창출일 뿐이었다. 좁은 의미의 국가창출이 아니라 국가창출과 국가경제 창출의 동시적인 것이었다." 국가들은 육군과 해군 그리고 국가의 경제적 이익을 보호할 법률이라는 모든 도구를 사용하여 경제이익을 추구하였다. "궁극적 이상은 경제력은 그 자체가 완전히 국가에 봉사하고, 국가는 목표추구에 있어서 그 힘과 구성원을 국가경제에 전적으로 투여한다"는 것이었다.[18)]

근대의 경제학자, 특히 1930년대의 헥크셔(Heckscher) 역시 중

16) Ibid., pp.31-35.

17) Charles H. Wilson, "Mercantilism: Some Vicissitudes of an Idea," *Economic History Review*, X, 1957: 181.

18) Ibid., pp.184-185.

상주의의 "모든 것은 힘이라는 목표와 관련하여" 고려된다는 점에서 비슷한 견해를 갖고 있었다. 중상주의는 기본적으로 경제정책이 목적으로서의 힘을 배양하는 데 이용되는 체제였다. "힘이 중상주의 경제의 궁극적 목표였다."[19] 헥크셔에 따르면 중상주의는 "경제정책 역사의 한 시기였다."[20] 중상주의는 "중세와 자유방임주의(Laissez-faire) 시기" 사이의 기간에 실시된 경제정책이었다. 중상주의는 일관된 "기본적 견해"를 갖고 있었다. 국가가 중상주의 경제정책의 중심에 있었으며, 국가 힘의 극대화가 중상주의정책의 목표였다.[21]

쉬몰러는 경제와 정치적 측면을 동등하게 강조하였고, 헥크셔는 정치적 측면에 더 강조점을 두었다. 그러나 그들은 한 가지 측면에서 동의하였다. 그것은 정치와 경제가 중상주의에 혼합되어 있다는 것이었다. 모든 중상주의자들은 "부가 힘에 결정적 역할을 하며, 부와 힘은 각각 국가정책의 궁극적 목표이며, 비록 군사안보가 경제의 희생을 요구할 때가 있더라도 이 두 가지 목표는 장기적으로는 화합을 이룬다"는 것이었다.[22]

이러한 경쟁적인 중상주의 정책들이 유럽세계경제의 핵심을 이루었다. 세계경제란 자본주의를 포함하는 어떤 경제원칙에 의해 지배되고 있는 일정한 지리적이고 경제적인 범위를 말한다. 그리고 역사속에는 서로 상호작용과 관계없던 여러 개의 세계경제가 존재하였다. 예를 들어, 유럽인들이 세계 전체를 발견하기 오래전에 지구는 이미 다소 중앙집권적이며 다소 일관된 경제지역으로

19) Ibid., p.186.
20) Heckscher, *Mercantilism*, vol. I, p.2.
21) Ibid., pp.20-21, 24.
22) Wilson, op. cit., p.182.

구분되어 있었다. 즉 여러 개의 세계경제권이 공존하였던 것이다. 그러한 예는 피터대제 이전에 그 자체로서 존재하고 있던 자급자족적 세계경제인 머스코비 러시아(Muscovy Russia), 18세기 이전의 오토만 제국, 인도, 중국 등이었다. 반면에 "찰스 5세나 필립 2세 치하의 제국은 그 방대함에도 불구하고 세계경제권이 아니었다. 처음부터 그것은 베니스를 중심으로 하는 오래되고 활발한 유럽의 경제유통망의 일부분이었다."[23)]

근대의 유럽세계경제는 베니스를 그 중심으로 하고 있었으나, 이태리의 도시국가들, 포르투갈, 스페인이 국제무역과 식민활동에 더 활발해지자 점차로 확장되게 되었다. 17세기 동안에 그것은 모든 대서양과 지중해로 1689년에 피터대제가 러시아를 유럽경제에 문호를 개방하였을 때는 러시아로, 그리고 동인도로 더욱 확장되었다. 그러나 (아직) 서구 유럽의 세계경제는 동양에는 확고히 확립되지 않았으며 오로지 19세기에 영국이 그 길을 열은 후에나 확고해졌던 것이다.[24)]

유럽세계경제의 가장 두드러진 특징은 중심(center), 중간지대(intermediate zone) 그리고 주변(periphery)이 존재하였으며, 이들은 서로 다른 경제적 역할을 수행하였다는 것이다. 중심은 모든 경제행위의 주요 결정이 이루어진 곳이었으며, 주변은 거의 중심에서의 결정에 영향을 받는 곳이었고, 그리고 중간지대는 중심과 주변의 사이에 위치한 곳이었다. 예를 들어 17세기에 홀랜드의 암스테르담은 중심이었으며, 중간지대는 "영국, 독일의 라인과 엘베 지역, 프랑스, 포르투갈, 스페인 그리고 로마 이북의 이태리였으

23) Braudel, op. cit., pp.83-84.

24) Ibid., p.84.

며, 주변은 스코트랜드, 아일랜드, 스칸디나비아 이북, 그리고 유럽의 함부르크와 베니스를 잇는 선의 모든 이동지역이었다. 주변에 포함되는 다른 지역들은 로마 이남의 이태리(나폴리와 시실리) 그리고 마지막으로 가장 두드러진 주변으로 대서양을 넘어 유럽치하의 아메리카"를 들 수 있었다. 캐나다와 아메리카 대륙의 초기 영국 식민지를 제외하면 신세계는 모두 노예제도에 기초한 지역이었던 것이다. 비슷하게, 폴란드와 그 이상의 중부 유럽의 외곽지역도 두번째 농노제도권이었다. 서구 유럽에서 실질적으로 사라진 농노제도가 16세기에 제시·재현된 것이었다.[25]

이렇게 다른 경제원칙의 위계질서속에서 주변지역은 값싼 노동력과 원료를 제공함으로써 중간지대와 무엇보다도 중심지역을 먹여 살리는 역할을 하였다. "무엇보다도 서구 유럽은 고대의 노예제도를 신세계에 이식시키고 경제목적상 동유럽에 새로운 농노체제를 재창출하였다. …자본주의는 세계불평등을 창조하였다. …그것은 제한된 경제지역에서는 그렇게 견고하게 성장하지 못하였을 것이며, 값싼 노동력이 없었다면 아마 아주 성장하지 못하였을는지도 모른다."[26]

1차, 2차 그리고 3차산업의 생산성이라는 면에서의 가장 강력한 경제능력을 가진 국가나 도시가 중심지로서의 역할을 하였다. 예를 들어 14세기 말경, 특히 1380년대에 베니스는 유럽세계경제의 중심지로 부상하였다. 15세기 말부터 16세기 초에는 앤트워프(Antwerp)가 베니스를 물리치고 중심으로 활동하기 시작하였다. 16세기 중반에 이르러는 제노아를 위주로 하는 지중해지역이 다

25) Ibid., pp.81-82, 91-92.
26) Ibid., p.92.

시 유럽경제의 중심으로 부각되기 시작하였다. 그러나 16세기 말에 중심은 다시 암스테르담으로 이동하였으며 그곳에서 유럽의 경제중심은 거의 2세기 동안 머물렀었다. "1780년과 1815년 사이에 그것은 런던으로 이동하였으며, 1929년에 그 중심은 대서양을 건너 뉴욕에 정착되었다."27)

이러한 경제중심의 이동에 군사력은 결정적 역할을 하였다. 지중해의 제노아로부터 암스테르담으로의 경제중심 이동이 그 대표적인 예라고 할 수 있다. 기본적으로 1570년 이후에 화란은 지중해에서 광범위한 노략질을 했으며 화란 상인들이 그들의 최초의 자본을 인도제도의 회사나 다른 무역에서 창출한 것이 아니었다. 화란인들은 베니스 시장에 베니스 상표를 붙여 가짜 섬유직물을 대량 수출하였으며 그 결과는 지중해의 경제가 그 우수성을 잃게 된 것이다. 화란의 성공은 국내의 산업생산성에 의했던 것뿐만 아니라 군사적 억압과 경제적 부정행위를 포함하는 모든 수단의 동원에 의해 가능하였던 것이다.28) 비슷한 이치로, 화란의 쇠퇴 역시 화란보다 더 우수한 "상인 해군(merchant marine)"을 가지고 있던 영국의 성공적 약탈에 상당부분 기인한다고 할 수 있다. 이 시기의 유럽에서의 전쟁의 가장 두드러진 형태가 마이클 하워드(Michael Howard)가 말하듯이 소위 상인의 전쟁(war of the merchants)이라고 불린다는 사실이 그러한 견해를 뒷받침하고 있다.

유럽의 세계경제에서 이렇게 치열한 중상주의적 경제전쟁이 진행되는 동안에 초지아(Chioggia) 전쟁(1378~1381) 전의 베니스와 제노아의 경우와 같이, 그리고 18세기 동안의 암스테르담과 런던

27) Ibid., pp.85-86.
28) Ibid., pp.88-89.

의 경우와 같이 두 개의 경제중심이 존재할 때도 있었다. 그러한 사실은 시이저(Caesar), 아우구스투스(Augustus), 안토니(Anthony) 그리고 클레오파트라(Cleopatra) 시대의 고대 유럽세계경제체제 속의 로마와 알렉산드리아(Alexandria)의 관계에서도 발견되었다. 그러나 물론 마지막에는 경쟁의 결과로 하나의 경제중심만이 존재하게 된 것은 당연한 일이었다.

중상주의적 경제정책과 그 당연한 부산물인 세계경제는 그렇게 수탈적 성격을 띤 경쟁적인 경제체제였으나 그것은 고도로 복잡하고 세련된 국제무역망을 도입함으로써 유럽경제의 일반적 진전에 지대한 공헌을 하였다. 경쟁하는 국가들이 국제무역을 통하여 이익을 얻으려 하였던 그 치열함이 유럽에 모든 종류의 국제경제제도를 발전시키는 데 결정적으로 중요한 역할을 하였다. 비록 중상주의는 보호무역체제였으나 그 의도치 않은 결과는 유럽 국제경제체제의 발달이었다.

브로델(Braudel)은 근대 유럽 역사속의 이러한 유럽 경제발전의 양상을 명확히 보여주고 있다. 예를 들어 유럽의 경제는 15세기 이전에는 비록 국제무역이 존재하였다 할지라도 기본적으로 자급자족적 생존경제를 목적으로 하는 물질적 생활(material life)이었다. 대부분의 물품들은 생산자들에 의하여 소비되었으며 이익을 위하여 대규모로 유통되지는 않았다.[29]

그러나 15세기 이후로 시장경제(market economy)와 상인자본주의(merchant capitalism)가 유럽에서 싹트기 시작하였다. 15세기의 시장경제의 주역은 약간의 이익을 추구하고 약간의 경쟁을 하는 장인들의 상점과 도시지역의 상점들이었다. 16세기에는 국제

29) Ibid., p.17.

교환시장이 확장됨에 따라 많은 국제무역박람회가 열렸다. 앤트워프(Antwerp), 베르겐 옵 줌(Bergen op Zoom), 프랑크푸르트(Frankfurt), 메디나 델 캄포(Medina del Campo) 그리고 리용의 박람회가 그러한 예였다. 또 제노아인들에게서 볼 수 있듯이 국제금융 역시 상거래에 도입되었다. 17세기가 되어 유럽 경제 일반과 특히 이태리 경제는 다소 쇠퇴하였으나 암스테르담이 새로운 경제중심지로 부상하기 시작하였다. 이 기간의 유럽에서의 전반적인 경제발전의 특징적 양상은 사채 및 증권시장(bourses)과 무역센터의 현저한 성장이었다. 물론 이 기간에 상점과 국제무역박람회도 많이 성장하였으나 자본시장과 증권거래소의 성장이 가장 두드러진 특징이었다. 유럽에서 경제발전이 가속화되던 18세기에는 국제무역의 양과 규모가 크게 증가하였으며 국제금융이 많이 활성화되었다.[30)]

일반적 유럽의 국제경제는 국제무역이나 금융의 발전 측면에서 볼 때 다른 어느 곳보다도 더 발전되어 있었다. 비록 이 모든 제도들이 세계 각 처에 존재하였으나 그것들은 유럽의 경제체제만큼은 발전되어 있지 않았다. 예를 들어, 유럽경제가 그러한 극적인 경제변화와 발전을 경험하고 있을 때 중국은 국제경제의 보다 세밀하고 세련된 부분인 박람회나 자본시장의 발전을 별로 진흥시키지 않았다. 몽고와의 국경지방이나 또는 광동(Canton)에서 외국상인을 위한 약간의 국제박람회가 있었으나 중국정부는 이런 식으로 외국 상인들을 감시하였을 뿐 아니라 그 박람회 자체가 중국의 발전에 중요하다고 여기지 않고 있었다.[31)]

---

30) Ibid., pp.24, 26-27.
31) Ibid., pp.32-34.

그렇듯이 중상주의정책은 유럽경제의 발전과 유럽세계경제의 도입에 결정적으로 공헌하였다. 그러나 아직도 유럽의 세계경제는 제한적이었다. “18세기 말까지, …시장경제와 자본주의는…소수에만 적용되고 있었으며, 인류의 대부분은 거대한 물질생활(material life)의 영역에 갇혀 있었다. 비록 시장경제가 확대되고 있었고 그것이 광범위한 영역에 퍼져 가끔 놀랄만큼 성공적이었지만, 그 시장경제는 아직도 (전체적인) 양에서는 모자라고 있었다.”[32] 대부분의 세계는 아직도 유럽의 집중적인 세계경제망에 포함되어 있지 않았던 것이다.

유럽세계경제의 세계로의 파격적인 확장 그리고 그 결과로서의 유럽의 세계 최고의 세력으로서의 부상의 실질적이고 직접적인 계기는 산업혁명이었다. 영국에서 18세기 중반에 시작되어 다른 유럽국가로 퍼져나간 산업혁명은 3가지를 뜻하였으며, 그것은 인간과 동물의 노동력을 대체한 증기(steam), 기계의 인간기술 대체, 원료채굴과 작업에서의 눈부신 발전을 말하였다.[33] 이러한 기계의 사용과 기술발전을 동반한 것은 새로운 경제조직인 산업자본주의였다. 예를 들어 대규모 대량생산체제가 도입되었고 소규모 생산시설은 보다 우수한 생산방법에 밀리게 되었다. 동시에 생산이 확장됨에 따라 산업자본가와 노동자의 역할이 더 분화되었다. 산업자본가는 자본을 제공하는 고용주로 역할하였고 노동자를 감독하였으며 최종상품의 판매를 담당한 반면 노동자는 단지 임금노동자로 변신하였다. 자본주의체제의 진전은 생산과정을 더 합리화시켰으며 이것은 차례로 기술전환을 가속화시켰을 뿐 아니라 직물,

32) Ibid., p.40.

33) David S. Landes, *The Unbound Prometheus*, London: Cambridge University Press, 1969, p.1.

철강, 중화학, 증기공학, 철로수송, 많은 군사무기 등의 갖가지 생산품을 증산시켰다.[34]

최초의 산업혁명은 19세기 말경에는 어느 정도 그 가속도를 잃고 있었으나 특히 내연기관이라는 기술의 급진전으로 대표되는 1930년대의 제2차 산업혁명으로 이어지고 있었다. "그 결과는 각종 상품과 용역생산의 엄청난 증가였으며 불의 발견 이후로 이것보다 더 인간의 생활을 바꾼 것은 없었다. (사실) 1750년의 영국인은 물질적 측면에서는 자기의 증손자보다는 시이저(Caesar) 시대의 군인과 더 가까웠던 것이다."[35]

제1차 산업혁명의 직접적인 경제적 결과는 생산능력의 엄청난 증대였으며 그것은 보다 많은 원료, 값싼 노동력, 산업제품에 대한 시장이었다. 이것들은 결국 점차로 과거 어느 때보다도 더 식민지에서 찾아지게 되었다. 특히 영국이 다른 어느 나라보다도 더 이런 문제에 봉착하였으며, 그 이유는 영국이 산업화에 가장 선두를 달리고 있었기 때문이었다. 다른 유럽 국가에서의 산업화는 국내 정치구조 때문에 영국보다 훨씬 서서히 진행되었다. 프랑스의 경우에는 지주들이 농업부문을 보호하기 위하여 상당한 노력을 기울였고 그 결과로 1789년에 프랑스 노동력의 반 이상이 농업부문에 있었으며 기술전환이 일어난 ¾세기 이후인 1866년에도 마찬가지였다. 최근의 1950년경에도 그 구성 비율은 ⅓이었다. 중부와 동부 유럽에서는 산업을 별로 탐탁치 않게 여기던 정치 엘리트들이 산업발전의 필요성을 정치적 단합과 힘이라는 이름으로 억압하였다.[36] 그러나 역시 산업혁명과 산업화가 프랑스나 독일에

---

34) Ibid., p.2.
35) Ibid., pp.4-5.
36) Ibid., pp.6, 8.

서 세계의 다른 어느 곳보다 더 빨리 진행되었다는 것에는 의심의 여지가 없었다.

산업화과정의 확장된 능력에서 비롯된 원료, 값싼 노동력, 시장에 대한 필요를 충족시키려는 영국의 해결책은 자유무역(laissez-faire trade)에 대한 옹호로 귀결되었다. 그리고 그 결과는 "중상주의적 식민체제의 와해로써 1846년의 곡물법의 폐지, 1849년의 항해조례의 폐시, 그리고 국제적 노동분화의 원칙에 의거한 새로운 전세계적 무역체제의 선포로 완결되었다."[37]

그러면 중상주의와 자유무역의 이론적 차이점과 유사점은 무엇인가? 중상주의는 기본적으로 국가의 이익과 국가힘의 증강을 위한 것이었다. 중상주의는 국력신장을 위한 부의 축적을 목표로 하였다. 모든 경제적 목표와 활동은 힘이라는 국가의 궁극적 목표의 일부분이었다.[38] 중상주의자들은 중상주의를 힘의 체제로 보았으며, 그것을 "1차적으로 경제정책은 목적으로서의 힘을 위하여 봉사한다"고 이해하였다. 예를 들어 "무역은 국가재정의 원천이며 공공재정은 전쟁의 필수적" 부분이라고 한 콜베르의 말은 부가 국력의 궁극적 목적인 전쟁능력의 수단이라는 뜻이었다. 중상주의자들에게는 "그 목적은 전쟁이었으며, 그러한 목적에 필수불가결한 것은 건전한 재정상태였다." 그리하여 상업활동은 전반적인 경제를 증강시키기 위하여 계속될 수 있었으나, 국가안보라는 목표는 언제라도 경제활동을 중단시킬 수 있었으며, 중상주의 경제는 보호무역체제였다고 특징지을 수 있었다.[39] 그러나 자유무역체제

37) Bernard Semmel, *The Rise of Free Trade Imperialism*, London: Cambridge University Press, 1970, p.1.

38) Heckscher, *Mercantilism*, vol. I, pp.14-15.

39) Ibid., p.26; Ibid., vol. II, p.17.

는 방해받지 않은 자유교환을 통한 개인과 전체국민의 부의 축적을 그 목적으로 하고 있었다.[40] 자유무역은 교환의 양을 증가시킴으로써 관계된 모든 나라의 모든 국민에게 혜택이 돌아가는 것으로 이해되었다. 자유무역의 옹호자들은 자유무역주의의 비정치적이며 순수히 경제적인 차원을 강조하였던 것이다.

그러나 이러한 차이점에도 불구하고 중상주의자나 자유무역주의자나 모두 "부를 이익의 중심에 놓았고," 따라서 부의 축적방법에는 차이가 있다 할지라도 "자국의 이익이 자유무역에서나 중상주의에서나 정책결정을 하는 데 있어서 핵심적 결정요소였다."[41] 국력신장에 있어서의 중상주의자들의 관심이 자유무역주의자들에게 상당 부분 전달되었던 것이다. 예를 들어 자유무역주의의 주창자인 아담 스미스(Adam Smith)가 항해조례법이 "아마도 영국의 모든 상업규정 중 가장 현명한 것이었다"고 말한 사실이 이를 입증한다고 할 수 있다. 자유무역주의에 있어서도, "국방이 (상업적) 풍요보다 훨씬 더 중요하였다." 아담 스미스는 더 나아가 "만약 (국가와) 사회의 보호를 위하여 특정한 산업이 필요하다면, 그것을 지원하기 위하여 모든 다른 산업에 과세를 하는 것이 비합리적인 것은 아닐 것"이라고 말했다. "그 어느 누구도 (아담 스미스보다) 경제활동이 국가의 대외적 힘을 신장시키는 데 종속적 역할을 하여야 한다는 것을 확실히 말한 사람은 없었다."[42] 그러나 이것이 아담 스미스에게 힘이 궁극적 목적이었다는 뜻은 아니다. 힘은 아담 스미스에게 있어 부는 추구되어야 하며 오로지 국가안보가 요구할 때에만 그 희생이 가능하다는 것을 뜻하고 있었다.

40) Ibid., vol. Ⅰ, pp.14-15.
41) Ibid., vol. Ⅱ, p.14.
42) Ibid., vol. Ⅱ, p.16.

사실상 "18세기의 중상주의 체제와 신제국주의(new imperialism)" 사이의 시기인 1750년부터 1850년 사이에 등장하던 영국의 자유무역주의 사상은 영국의 국내 경제사정에서 그 유래를 찾을 수 있었다. 18세기 중반경에 영국은 새로운 경제상황으로 진입하고 있었다. 1760년대에 런던은 유럽의 상업과 금융의 중심지로써 암스테르담을 대체하고 있었으며 동시에 영국은 전세계의 어느 국가도 꿈꿀 수 없는 그러한 엄청난 산업능력을 획득하였다.[43]

영국은 그 경제가 19세기에 산업발전의 새로운 시기로 들어감에 따라 제국건설에 관한 두 가지의 이론을 발전시켰다. 하나는 자유무역에 기반을 둔 "비공식적" 제국건설이었고 다른 하나는 직접적 식민화를 통한 "공식적" 제국이었다. 밀(James Mill)이나 리카르도(David Ricardo)를 포함하는 많은 영국의 이론가들은 영국의 산업능력과 비교우위에 기반을 둔 자유무역이 외국에 대한 직접통치 없이도 "외국을 식민지화 시키는 값진 정책"으로 이해하였다. 영국의 제조품은 수출될 것이고 원료는 수입되며 그 차액은 영국의 이익으로 돌아온다는 논리였다. 물론 리스트(List)를 포함하는 독일 경제학자들은 영국의 자유무역을 "영국의 선두를 영속화시키고 미개발 국가들에게 식민지적 지위를 부여하는" 처사로 간주하였다. 사실상 중상주의와 자유무역주의는 자유무역주의가 "과거의 저돌적 기미를 피하고 전체적인 면에서 상업을 덜 사악한 것"으로 인식하고 있다는 것 이외에는 큰 차이가 없었다. 기본적으로 아담 스미스를 포함하여 자유무역주의 주창자들은 "식민지와 해외무역을 잉여산업품 처리를 위한 필요한 탈출구라는 중상주의적 입장"을 갖고 있었던 것이다.[44]

---

43) Semmel, op. cit., p.6.

만약 자유무역이 제국건설의 비공식적 방법이었다면 직접적 식민화는 제국건설의 공식적 방법이었다. 웨이크필드(Edward Gibbon Wakefield) 및 토렌스(Robert Torrens)와 같은 많은 이론가를 포함하여 영국인들은 식민화를 자유무역을 보조하는 필요한 수단으로 보았다. "식민지는 넘쳐 흐르는 영국자본 투자를 위한 장소이며 영국의 잉여생산제조품의 시장"이라는 뜻이었다. 영국의 산업혁명과정에서 예상되는 과잉생산, 저소비, 계급갈등 그리고 사회혁명과 같은 많은 결점들이 식민지의 획득에 의하여 해결될 것이었다. 많은 영국인들은 "사실상 후에 신맑스주의자(neo-Marxists)들이 분석한 제국주의의 자본주의 체제에 대한 필요성을 충분히 예견"하였던 것이다.45)

영국의 전세계에 대한 비공식적이며 공식적인 제국건설에 관한 생각은 산업혁명 과정에서 놀라울 정도로 증가한 군사력에 의해서 현실화되었다. 다시 말하여 군사능력의 기초는 더이상 군인의 숫자나 또는 작전능력에만 기인한 것이 아니라 산업능력, 특히 우수한 무기의 대량생산에 의존하게 되었다.46)

이러한 군사력을 가지고, 정부의 정책이 대체로 산업자본가의 이해관계에 따라 결정되었던 영국은 세계제패라는 정치적 목적과 식민지배라는 경제적 목적을 위하여 세계로 나갈 준비가 되어 있었다. 프랑스와 독일도 비록 산업화에서는 영국에 뒤져 있었으나 영국과 같은 대전략에 참여하였으며, 그 결과는 중국의 반식민지화의 경우와 종국적으로 전세계를 유럽의 정치적 패권과 유럽세계경제속으로 끌어들인 신제국주의에서 볼 수 있었던 가속화된

44) Ibid., pp.8-9.
45) Ibid., pp.10-11.
46) Landes, op. cit., p.11.

식민화였다.

그러면 유럽이 전세계에서의 패권을 장악하게 된 원천인 산업혁명이 왜 영국에서 일어났으며, 왜 그 혁명이 비록 정도의 차이는 있었으나 유럽의 나머지 지역으로 확산되었는가? 왜 산업혁명이 지구의 다른 지역에서 기술발전이 더 많았고 또 일찍 시작되었음에도 불구하고 영국에서 일어났는가?

산업혁명과 산업자본주의는 영국에서 경제적이고 정치적인 그리고 국내적이고 국제적인 여러가지의 요인에 의하여 발생하였다. 경제적 요인의 경우에는, 첫번째로 커다란 국내시장의 성장을 가능케 하였던 높은 농업생산성을 들 수 있다.[47] 풍부한 노동력을 제공하였던 시골지역, 그리고 생산품의 성격, 제조기술 그리고 사업체의 규모까지 간섭하였던 길드조직으로부터 안전한 환경이었던 시골지역에서 자기들의 사업체를 운영하려고 하였던 많은 상인들과 지방의 장인들의 독자적 노력도 중요한 요소였다.[48] 다른 중요한 요인들로서 시장경제와 상업자본주의라는 근본적 상업구조, 기술 수준의 계속적 진전, 풍부한 노동력을 제공하였던 18세기 중반까지의 빠른 인구증가, 국내관세장벽의 제거, 운하를 이용한 내부수송체제의 발전 그리고 유럽의 다른 어느 나라보다도 높은 임금에 의한 커다란 국내시장을 들 수 있다.[49]

이렇게 국내경제적인 요소들이 산업혁명의 도입에 결정적이었던 것과 같이, 배링턴 무어(Barrington Moore)가 규정한 소위 자

---

47) W. Arthur Lewis, *The Evolution of the International Economic Order*, Princeton, New Jersey: Princeton University Press, 1978, pp.9-10.

48) Landes, op. cit., p.45.

49) Ibid., pp.46, 48-49.

본주의적 충동(bourgeois impulse)이라고 부르는 성향에 친근하였던 국내정치질서 역시 중요한 요인이었다. 다시 말하여, 청교도혁명(Protestant Revolution)과 명예혁명(Glorious Revolution) 이후로 자본가계급에 의하여 크게 영향받았던 영국 정부는 상업과 산업화라는 자본가적 가치에 등을 돌릴 수 없었던 것이다. 그것이 영국이 산업화에서 프랑스나 독일보다 그리고 중국을 포함하는 전세계의 어느 국가보다도 더 빨리 진전할 수 있었던 이유이다.

이렇듯이 국내적 요소가 결정적으로 중요하였으나 국외적인 요인이 결여되었다면 산업혁명은 성사되지 않았을지도 모른다. 첫째로, 영국은 안전한 지정학적 위치와 강력한 상인해군(merchant marine)으로 인하여 외국의 침입으로부터 안전할 수 있었다. 16세기의 스페인의 3차례에 걸친 영국정복 시도의 실패, 17세기의 영란전쟁에서의 승리, 그리고 프랑스와의 해전에서 입증된 영국 해군력의 우월이 영국 산업혁명을 가능케 한 요인이었다. 이렇듯 군사안보가 일반적인 배경으로 작용하였다면, 영국의 중상주의정책을 통한 제국주의는 아메리카 대륙의 포르투갈과 스페인 식민지, 터어키 제국, 그리고 인도제도 등의 시장을 제공함으로써 영국의 목화 붐(boom) 지속을 가능케 한 가까운 원동력이었다.

그리하여 국내적이고 외부적인 요인의 혼합이 없이는 산업혁명과 산업자본주의는 불가능하였던 것이다. 국내적이든 국외적이든 어느 한 가지 요소만으로는 산업혁명의 충분한 조건이 되지 못하였다.50)

그러면 산업혁명은 유럽에서 왜 일반적으로 성공적이었나? 첫번째로, 유럽은 수백년간 계속된 중상주의 정책의 결과로 경제적

---

50) Braudel, op. cit., pp.108, 110.

으로 풍요하였다. 영국(England)과 웨일즈(Wales)의 18세기 중반의 평균 가계임금은 1960년대 초의 아프리카 최대 부유국 중의 하나인 나이지리아(Nigeria)의 3배이고, 같은 시기의 인도의 4배에 달하였다. 유럽의 생활 수준은 거의 1961년의 브라질과 멕시코 수준이었다. 사실상 중상주의적 국제무역의 선봉에 섰던 사기업과 국가의 집중적이고 광범위한 협력이 서양의 경제적 풍요를 도입하는 데 결정적이었다.[51]

시간이 흐를수록 개인기업과 사유재산의 개념은 점점 더 사회에, 특히 새생활의 정치적, 경제적, 사회·문화적 중심지가 된 도시에 확고히 뿌리를 내렸다. 그러한 성향이 계속됨에 따라 유럽에서의 사유 경제활동은 점점 더 활발해졌다. "그 과정은 자체적 추진력을 가지고 있었다. 가장 자유로운 경제가 가장 창의적인 것같았다. 창의력은 성장을 야기시켰다. 그리고 성장은 의도적이건 비의도적이건 그 이상의 개혁의 계기를 제공하였다." 반면 아시아, 아프리카 또는 그밖의 지역에서는 정치질서가 상인계급의 지위를 억압하였고, 많은 경우에 경제영역을 세금부과의 원천으로만 사용하여 전반적인 경제발전을 저해하였다. 물론 유럽도 이 모든 문제를 갖고 있었으나 그 정도가 훨씬 덜했던 것이다.[52]

만약 물질적 풍요가 유럽에서의 산업혁명의 도입에 중요하였다면, 산업혁명의 성공에 대한 다른 이유는 합리성(rationality)과 파우스트적 정복정신(Faustian sense of mastery)으로 특징지어지는 유럽인들의 가치관에 기인하고 있었다. 합리성이 뜻하는 것은 자연히 물질적 풍요를 가져온 부지런한 생활태도였다. 그러한 태도

---

51) Landes, op. cit., p.15.

52) Ibid., pp.19-20.

는 사실상 (돈을) 버는 일이건 쓰는 일이건 모든 활동에 대한 평가기준을 효율성이라는 척도를 적용하게 하였다.[53]

파우스트적 태도는 유럽인의 자연과 사물에 대한 정복정신을 의미하였다. 한 가지 좋은 예는 유럽의 과학계의 진부하고 비합리적인 종교사상의 부정에 대한 노력이었다. "과학은 진실로 합리성과 정복정신의 완전한 연결고리였다. 그것은 자연 및 인간 현상의 이해에 대한 이성의 적용이었다." 유럽인들의 자연과 환경에 대한 중세 이전부터의 끊임없는 호기심, 어느 문제이거나를 막론하고 해결하려는 꾸준한 노력, 그리고 모든 가능한 지식과 기술을 외국으로부터 특히 최첨단의 기술과 경제번영을 누리고 있던 중국의 당왕조와 송왕조로부터 수입하는 것은 파우스트적 윤리의 확실한 표현이었다. 마찬가지로 근대 유럽의 민족국가들이 패권장악을 위한 투쟁에 몰두해 있을 때에도, 경쟁국들은 산업 스파이전(industrial espionage)을 포함하는 모든 수단을 동원하여 전쟁능력에 관계된 각종 과학과 기술의 수입에 분주하였다.[54]

반면에 중국은 세계의 다른 지역을 바라볼 필요가 없다는 듯한 태도를 취하였다. 그리하여 19세기에 일본이 성공적으로 산업화를 성취하여 강대국대열로 진입하였을 때, 중국은 비참하게 식민지화 되었던 것이다. 이슬람교권은 중국과 약간 달랐다. 그곳에서는 이슬람 문화의 종교적 가치가 이슬람 문화권의 종교적이고 근본적인 기반을 잠식할 가능성이 있는 과학과 철학적 의문의 개발과 확대를 억압하였다. "의학, 수학, 천문학, 지리, 그리고 행정학"과 같은 "종교적으로 정당화될 수 있는 필요"를 벗어나는 어떠한 연

53) Ibid., pp.21, 23-24.
54) Ibid., pp.24-25, 27-28.

구나 사상체계는 억압되었다. 그것이 단지 약간의 학자들만이 귀중한 자연과 사회과학 지식을 소유하고 있었던 이유였으며, 그들이 이슬람세계 전체에 큰 공헌을 할 수 없었던 이유였다. 만약 이데올로기가 중국의 진보에 제약을 가했다면, 이슬람세계에서는 종교적 가치가 "서구에서 수백 년 후에 일어나게 되어 있는 일종의 영광되고 축적된 진전"을 방해하였던 것이다.[55]

영국에서 시작되고 유럽의 다른 국가들에게 전파된 산업혁명은 그 영향에 있어서 인류역사상 가장 중요한 사건이었다. 특히 원료, 값싼 노동력, 산업제품의 시장에 대한 경제적 필요, 군사기술 발전에 미친 영향 그리고 자유무역주의 사상에 대한 영향은 서구유럽국가들간의 가속화된 경쟁과 신제국주의를 예고하고 있었던 것이다. 우수한 산업 및 군사기술을 가지고 서유럽국가들은 자기들의 경제적이고 정치적인 목적을 위하여 전세계로 나갈 준비가 되어 있었다. 다시 말하여, "기술수준의 차이와 경제적 이익이 서유럽 국가가 세계의 비산업지역으로 눈부신 확장을 하는 것을 요구하였던 것이다. 이 점에 있어서 산업혁명은 15세기와 16세기의 항해와 해외정복으로 시작된 과정을 완결지었던 것이다."[56]

---

55) Ibid., pp.28-29.
56) Ibid., p.11.

결문

서양 근·현대사와 그로부터 관찰할 수 있는 국제정치의 원리는 무엇보다도 국제영역에서는 어떠한 지고의 정치적 권위(supreme political authority)도 존재하지 않는다는 사실을 보여주고 있다. 국내사회에는 그 구성원들이 복종하기로 합의한 중앙적 권위가 존재하는 반면 국제사회에는 모든 국가가 합의하는 최우선적 정치체제가 존재하지 않는다. 국제정치는 각각의 경쟁하는 정치조직이 그 자신의 힘과 이익을 위한 결정을 내릴 권리를 갖고 있다는 의미에서 비집권화로 특징지어지고 있다. 바로 그 최우선적이고 일반적으로 인정되는 권위의 결여로 말미암아 국제정치는 "국내정치와 그 구조, 형태 및 원칙에서 완전히 다르다."

초월적 정치기구의 존재에 대한 합의의 결여라는 의미에서의 무법적 혼란(anarchy)이라는 구조적 특성으로 규정되는 이유로 인해 국제관계는 기본적으로 행위자가 어떠한 특정의 위협에 대하여 스스로 방어해야 하는 자조(self-help)의 체제이다. 그러나 국제구조가 혼란하다는 것이 국제관계상의 어떠한 질서적 절차(orderly procedure)가 없다는 뜻은 아니다. 오히려 그러한 구분은 구조와 과정을 가려내기 위한 개념적 구별로서의 의미를 가진다. 국제영역에서의 그 질서적 현상은 무법적 혼란이라는 국제구조속에서 진행되는 과정이며 그 질서 있는 과정은 국제체제의 무법적 구조에 커다란 영향을 받을 뿐이다.

국제관계가 무법적 혼란의 구조속에서 진행되는 까닭에 국제행위자들은 제로섬게임의 원칙에 의존한다. 물론 경쟁하는 국가간에 상호 이익을 위한 협력도 존재한다. 그러나 역시 그것은 국제관계의 주된 상황이 아니며, 상호의존(interdependence)은 경쟁이라는 더 큰 체제속의 일부분일 뿐이다. 경쟁국들은 협력을 통한 절대적 이익을 계산하기보다는 그들의 협력자와의 상대적 이익의 배분이 어떻게 되는가에 더 치중한다. 동시에 경쟁하는 국가들은 자주(autonomy)라는 절대적 명제를 구속하는 의존(dependency)의 가능성을 우려하여 집중적 협력을 주저한다.

이러한 국제질서속에서는 각국이 자기들의 힘과 이익을 증대시키기 위한 가능한 모든 수단을 동원하는 것이 가장 확실한 생존방법이며, 가장 중요한 수단은 수차 강조된 군사와 군사동맹 위주의 외교, 군사력, 경제력의 강화라고 할 수 있다. 군사동맹이 가장 손쉬운 국력증진의 수단이라면 군사력은 가장 확실한 국력의 상징이며, 경제력은 외교와 군사력의 밑받침인 동시에 그를 바탕으로 더욱 확대되어 나가는 수단이다.

참고문헌

Anderson, M. S. 1961, *Europe in the Eighteenth Century*, New York, Chicago, San Francisco, Atlanta, Dallas: Holt, Reinhart and Winston, Inc.

_______________. 1972, *The Ascendancy of Europe*, London: Longman Group Limited.

Aspaturian, Vernon V., "Farewell to Soviet Foreign Policy," *Problems of Communism*, Nov-Dec. vol.XL.

Braudel, Fernand. 1972, *The Mediterranean and the Mediterranean World in the Age of Philipp II*(vol. I), trans., Sian Reynolds, New York: Harper Colophon Books.

_______________. 1977, *Afterthoughts on Material Civilization and Capitalism*, Baltimore and London: The Johns Hopkins University Press.

Brinton, Clarence Crance. 1948, *From Many One*, Cambridge: Harvard University Press.

Calleo, David. 1982, *The Imperious Economy*, Cambridge, Massachusetts and London, England: Harvard Univ. Press.

Claude, Inis L. 1949, *Power and International Relations*, New York: Random House.

Clausewitz, Carl Von. 1976, *On War*, ed. trans, Michael E. Howard & Peter Paret, Princeton, New Hersey: Princeton University Press.

Cumings, Bruce. 1981, *The Origins of the Korean War*, New Jersey: Princeton University Press.

Dehio, Ludwig. 1962, *The Precarious Balance*, trans. Charles Fullman, New York: Knopf.

Fieldhouse, D. K. 1973, *Economics and Empire*, Ithaca: Cornell University Press.

Gilbert, Martin. 1967, *The Roots of Appeasement*, New York: New American Library.

Gollwitzer, Heinz. 1979, *Europe in the Age of Imperialism 1880 ~1914*, trans., David Adam & Stanley Baron, New York: W. W. Norton & Company Inc.

Heckscher, Eli F. 1935, *Mercantilism*, vol.Ⅱ, trans., Mendel Shapiro, London: George Allen & Unwin Ltd., New York: The MacMillan Company.

Hilgruber, Andreas. 1981, *Germany and the Two World Wars*, trans., William C. Kirby, Cambridge, Massachusetts and London, England: Harvard University Press.

Horn, David, B. 1957, "The Diplomatic Revolution," *The New Cambridge Modern History*, vol.Ⅶ, Cambridge: Cambridge University Press.

Howard, Michael E. 1979, "The Forgotten Dimensions of Strategy," *Foreign Affairs*, 57.

Jacobsen, Carl G. 1989, "Sino-Soviet Relations: New Perspective," *Soviet Foreign Policy*, Houndmills, Basingstoke, Hampshire, and London: The Macmillan Press Ltd.

Jo, Jua-ho. 1979, *Se-gye-moon-hwa-sa(The World Cultural History)*, Seoul: Pak young sa.

Kaiser, David. 1983. "Germany and the Origins of the First World War," *Journal of Modern History*, 55, 1983.

Kennedy, Paul. 1980. *The Rise of Anglo-German Antagonism*,

London, Boston: Allen & Unwin.
Kossman, E. H. 1957a, "The Low Countries," *The New Cambridge Modern History*, vol.Ⅳ, Cambridge: Cambridge University Press.
______________. 1957b, "The Dutch Republic," *The New Cambridge Modern History*, vol.Ⅴ, Cambridge: Cambridge University Press.
Landes, David S. 1969, *The Unbound Prometheus*, London: Cambridge University Press.
Lafeber, Walter. 1980, *America, Russia, and the Cold War*, New York: Alfred A. Knopf.
Lewis, Arthur W. 1978, *The Evolution of the International Economic Order*, Princeton, New Jersey: Princeton University Press.
Lepingwell, Hohn W. R. 1992, "Toward a Post-Soviet Army," *Orbis*, Winter.
Liska, George. 1957, *International Equilibrium*, Cambridge: Harvard University Press.
____________. 1977a, *Quest for Equilibrium*, Baltimore and London: The Johns Hopkins University Press.
____________. 1977b, *Nations in Alliance*, Baltimore and London: The Johns Hopkins University Press.
Mathisen, Trygve. 1971, *The Functions of Weak States in the Strategies of the Great Powers*, Oslo: Universitetsforlaget.
Marantz, Paul. 1989, "Gorbachev's New Thinking about East-West Relations: Causes and Consequences," in Carl G. Jacobsen(ed.), *Soviet Foreign Policy*, Houndmills, Basingstoke, Hampshire, and London: The Macmillan Press Ltd.
Mattingly, G. 1970, *Renaissance Diplomacy*, New York: Russell

& Russell.

Medvedev, Roy. 1986, *China and the Superpowers*, Oxford, New York: Blackwell.

Porter, Bernard. 1983, *Britain, Europe, and the World 1850~1982*, London: George Allen & Unwin.

Quested, R. K. I. 1984, *Sino-Russian Relations*, Boston: Allen & Unwin.

Semmel, Bernard. 1970, *The Rise of Free Trade Imperialism*, London: Cambridge University Press.

Shevenhenko, V. P. 1991, "Contemporary Soviet Military Doctrine," *Asian Defense Journal*, July.

Stewart, Philip D. & Margaret G. Hermann, 1990, "The Soviet Debate over New Thinking and the Restructuring of US-Soviet Relations," in George Hudson, *Soviet National Security Policy under Perestroika*, Boston: Unwin Hyman Inc.

Stradling, R. A. 1981, *Europe and the Decline of Spain*, London: George Allen & Unwin.

Vaughan, Dorothy M. 1954, *Europe and the Turk*, Liverpool: Liverpool University Press.

Vilar, Pierre. 1967, *Spain: A Brief History*, Oxford, New York, Toronto, Sydney, Paris, Frankfurt: Pergamon Press.

Wallerstein, Immanuel M. 1980, *The Modern World System II*, New York, London, Toronto, Sydney, San Francisco: Academic Press.

Wilson, Charles H. 1957a, "The Growth of Overseas Commerce and European Manufacture," *The New Cambridge Modern History*, vol.VII, Cambridge: Cambridge University Press.

________________. 1957b, "Mercantilism: Some Vicissitudes of an Idea," *Economic History Review*, X.

색 인

유찬열
서울 출생
연세대학교 이학사
미국 아메리칸 대학교 비교정치학 석사
미국 존스홉킨스 대학교 비교정치학 석사, 국제정치학 박사
한국국방연구원 군비통제센터, 정책 기획연구부 선임연구원
(전) 서울신문 명예 논설위원
미국 버클리 대학교 visiting scholar(2006~2007)
현재 덕성여자대학교 정치외교학과 교수
한국 국제정치학회 이사
한국 공공정책학회 부회장

저서 및 논문
『세계 외교정책론』(공저, 을유문화사, 1995); 『미국 외교정책』(공저, 박영사, 1998); 『21세기 국제체제와 미국의 준비』; "The Survival Strategy of North Korea and a Road to the Unification of Korea," *Contemporary Security Policy*, Vol. 20, No. 2(1999); "Anti-American, Pro-Chinese Sentiment in South Korea," *East Asia: An International Quarterly*, Vol. 22, No. 1(2005); "North Korea's Resurgence and China's Rise: Implications for the Future of Northeast Asian Security," *East Asia: An International Quarterly*, Vol. 25, No. 3(2008) 외 다수.

한울아카데미 101
국가의 이성
국제체제의 역사와 원리

지은이／유찬열
펴낸이／김종수
펴낸곳／도서출판 한울

초판 1쇄 발행／1994년 5월 10일
초판 5쇄 발행／2014년 3월 20일

주소／413-756 경기도 파주시 광인사길 153 한울시소빌딩 3층
전화／031-955-0655
팩스／031-955-0656
홈페이지／www.hanulbooks.co.kr
등록번호／제406-2003-000051호

Printed in Korea.
ISBN 978-89-460-4847-8 94340

* 가격은 겉표지에 표시되어 있습니다.